阅

阅读成就思想……

Read to Achieve

拆解一切故事写作

长安野望
著

中国人民大学出版社
· 北京 ·

图书在版编目（CIP）数据

拆解一切故事写作 / 长安野望著. —北京：中国人民大学出版社，2022.5

ISBN 978-7-300-30462-5

Ⅰ. ①拆…　Ⅱ. ①长…　Ⅲ. ①汉语—写作　Ⅳ. ① H15

中国版本图书馆 CIP 数据核字（2022）第 046298 号

拆解一切故事写作

长安野望　著

Chaijie Yiqie Gushi Xiezuo

出版发行	中国人民大学出版社		
社　　址	北京中关村大街 31 号	**邮政编码**	100080
电　　话	010–62511242（总编室）		010–62511770（质管部）
	010–82501766（邮购部）		010–62514148（门市部）
	010–62511173（发行公司）		010–62515275（盗版举报）
网　　址	http://www.crup.com.cn		
经　　销	新华书店		
印　　刷	天津中印联印务有限公司		
开　　本	890 mm × 1240 mm　1/32	**版　次**	2022 年 5 月第 1 版
印　　张	7.5 插页 1	**印　次**	2025 年 9 月第 6 次印刷
字　　数	190 000	**定　价**	59.00 元

序言

开启奇妙的故事创作之旅

2016年春节前几天，作家马伯庸在浏览知乎页面的时候，发现有人提出了一个脑洞问题："如果你来给《刺客信条》写剧情，你会把背景设定在哪里?"

中国，大唐，长安城……精通中国历史的马伯庸立即想到，大唐盛世中的长安一定是一个非常不错的故事背景。此时，他的脑海中接连出现了无数情节画面，甚至故事中的设定也一一浮现，创作灵感汹涌而来……

他立即把自己脑海中的场景写成了故事片段发到了问题下面，惊心动魄、极具张力的开头情节、如同电影序幕一样的画面感，通过文字传达给了读者，最终获得了网友一致好评。大家纷纷表示，这就是他们心目中的中国版《刺客信条》。有了群众基础后，马伯庸对这个故事进行了再次创作，而后便有了畅销小说《长安十二时辰》的问世，同名电视剧同样大获成功。

对人类而言，灵感是一种奇妙的存在。灵感的突然降临，能让作曲家创作出动人的曲目，能让科学家突破难题，能让发明家“无中生有”；而当灵感降临在那些伟大而又智慧的头脑中时，就像苹果掉在了牛顿头上，甚至能够改变和推动人类的发展进程。

更难能可贵的是，灵感女神非常公平，她不只偏爱科学家或者艺术工作者，它几乎对每个人都一视同仁。几乎所有人都会在偶然的情况下得到灵感女神的眷顾，只不过有些人把它当成了闲聊时的谈资，有些人将它转化成了作品，还有些人只是任由它逐渐消失。

当然，本书提及的灵感并非那种可以让我们一夜之间就发明出时光机的灵感，也不是那种能破解世界性难题的神奇力量。

对于作者而言，灵感就是日常生活中突然冒出来的奇思妙想：一个有趣的脑洞、一个别致的设定、一个巧妙的情节、一个听来的段子或是一场印象深刻的梦境，我们把它叫作灵感碎片。

灵感碎片是作者非常重要的故事素材来源，我们看到的很多有趣的小说、剧本、影视剧，最初都诞生于这些生活中随处可见的灵感碎片。无论多么微小的灵感碎片，都可以利用写作技巧不断加工打磨，使其变成一个波澜壮阔、曲折离奇的精彩故事，再从作家的笔下流淌出来，成为一本畅销书或影视剧本，走进大众视野。

当然，从灵感碎片到精彩的故事，这中间还有很长的一段距离。

从灵感碎片到落笔，再到成书出版，我们需要掌握收集和记录、甄别和筛选、加工和修剪、提炼和完善等多个环节，最后才能把灵感变成一个好故事，在愉悦大众的同时也能有所收获。

灵感碎片就像一棵不起眼的幼苗，我们不仅需要用创作技巧对其进行栽培和修剪，还需要以创作热情时时浇灌，最终才能使其成长为一棵参天大树，乃至结出丰盛的果实。

故事创作的过程则更像一次户外冒险，它很可能不会一帆风顺。我们可能会犯错，会迷路，更有可能在遭遇困难的时候心生恐惧，萌生退意；但请你相信，当你坚持创作的初心，培养旺盛的创作欲，让一个完整的故事不断地从指尖流淌出来的时候，那种充盈肺腑的快乐和满满的成就感将成为你收获的最好奖励。

这本书就是陪伴你整个创作冒险之旅的贴心指南和地图。它对深奥复杂的创作原理进行了合理优化，结合互联网时代的阅读习惯和思维，从一个灵感碎片或想法开始，就如何搭建结构、如何制作大纲、如何起笔、如何塑造人物、如何添枝加叶、如何完整收尾，指导新手作者一步步创作出属于自己的、有商业价值的作品。

本书涵盖了从零开始写作到出版的整个环节，你可以一边阅读，一边尝试创作，也可以全部读完之后再开始创作。当在写作过程中遭遇困惑和不解时，你可以再次翻开它，从中寻找解决问题的思路和答案。

如果你准备好了，那就让我们一起出发，踏上奇妙的故事创作之旅吧。

Contents 目录

第一部分

我有很多好故事，却不知从何写起

01 写作从灵感碎片开始

灵感的收集和记录

现代科学告诉我们，灵感实际上就是潜意识对事物的加工和反馈。我们日常生活中的意识实际上只占人脑意识很小的一部分，潜意识就像海平面以下的冰山，是一个非常庞大的信息收集和处理系统。它负责在我们清醒时接收那些被我们忽略的信息并加以处理，一部分信息会以梦境的方式反馈到我们的大脑中，另一部分则会在大脑思考的间隙出现。这就解释了为什么灵感时常会在梦中或在人们开车、发呆、洗澡时突然出现，因为此时我们的意识不太活跃，潜意识才有机会出现。

无论是离奇的梦境，还是偶尔出现的灵感和创意，它们就像捉摸不定的精灵一样转瞬即逝。如果你没有将它记录下来，很可能转个身就忘记了。因此，要想把灵感用到写作，我们的首要任务就是要学会收集和记录灵感，这是把它变为故事的第一步。

很多知名作家都有随时记录的习惯，以保证能够随时有题材可写，有故事可创作。这也是延长一个作家的职业生涯的小法宝。作者需要保持一个习惯，就是在手机的便签里，随时记录迸发的灵感或念头。如果条件允许，你可以在便签里用文字将其记录下来；如果是在开车或不方便打字的时候，还可以用语音录一段话。总之，先收集记录下来再说，没准未来会用得上。这些灵感也不仅仅来源于自己的大脑，有一些来源于一个光怪陆离的梦境，有一些来源于旁人的闲聊，还有一些甚至来源于自己听到或看到的社会新闻或电影小说。

当然，便签里记录的不全是灵感，有些只是一句很酷的台词或者一个角色的名字。时间长了以后，你会发现你的手机和本子上记录了一大堆这样的碎片信息，大都没头没尾，有些甚至只是一句话或者几个字，但不要小看了它们。这些灵感碎片通过写作技巧的加工和规划，大都能成为一个精彩的故事，甚至会成为你的第一部小说。

灵感的甄别和完善

潜意识给予我们的灵感是随机的、无序的，它很少会直接给我们一个完整详尽的故事大纲，让我们直接坐在电脑前输出就可以了。更多的是，当你开始坐下来写一个故事时，翻开自己记录灵感的便签，你会发现里面什么乱七八糟的东西都有，比如杂乱无章的梦境、没头没尾的对话、奇奇怪怪的场景，甚至只是一个当初你觉得很酷的角色名。因此，当你把便签从头到尾看一遍后，会感觉很沮丧，好像自己平时记录的东西真的没有什么用，尽管当初记录的时候你还以为它会是一个惊世骇俗的故事雏形。

这些记录在便签里的灵感碎片，就像精美的陶瓷碎片，破碎的玻璃珠子，或者带有缺陷的珍珠，单独来看都是非常宝贵的；但如果你不能把它们串联起来，变成一个完整的故事想法，那它们的存在就是毫无价值的。这时候，我们就需要对这些碎片化的灵感做一个简单的分类，然后有针对性地把它们补充完整。一般而言，除去一些无意义的对话和名字，碎片化的灵感往往有以下三种情况。

有头无尾

例如，一个男人在新婚之夜离奇地死去了，警察在调查过程中，发现他的鼻腔里有一种昆虫的体脂。与此同时，死者远在另一个城市的朋友，以同样的方式死在了和女友的蜜月旅行中……

有尾无头

例如，美国投资界突然出现了一个华裔年轻人，宣称自己投资的基因编辑项目大获成功，可以对人类的基因进行编辑，并且在伯克利举办了一场盛大的新闻发布会，但在演示的过程中，他突然七窍流血倒地，现场的牧师说他遭到了上帝的反击。

没头没尾

“为什么总是约在这个楼顶见面？”陆雨菲裹紧身上的风衣领子，仰头问道。

林周踩在45层的大厦边缘，像只鸟儿一样张开了双手，“可能是被踩在脚下太久了，总想在高处俯瞰城市。”

“快下来，危险！”陆雨菲皱着眉头，知道他另有所指。

林周转过身，苍白的脸上露出了凄惨的笑容：“危险？我的人生一路走来，什么时候安全过？”

对于以上几种情形的故事碎片，我们首先需要把它们缺头少尾的部分补充起来。对于只有开头的，我们就把结尾完善一下；对于只有结尾的，我们就用倒推的方式，把整个故事的逻辑线条补充齐全；对于只有中间场景的灵感，我们就得把开头和结尾都补充起来，这样就能得到一个完整的故事。虽然听起来很麻烦，但其实只需要几句话记录一下就可以了。比如，你的便签本上记录了这么一句话：“一个 13 岁少年，残忍地杀害了一个 8 岁女童，因为凶手未成年，所以躲过了法律的制裁。”这很明显是一个故事的开头和起因，你可以发散想象力，在后面续写：“8 岁女孩的父母为了能够给自己的孩子讨回公道，利用自己作为医生的职业便利，开始了一系列的复仇计划。”

这样一来，这个灵感碎片才初步形成了一个完整的故事简介。虽然只有短短两句话，但基本上故事的矛盾、冲突、起因和结果都已经具备了。在这个步骤我们主要的工作就是甄别和完善，把一些适合编成故事的灵感挑选出来，然后用最简单的方式将其完善成只有几句话的简介。

别管好不好看，先让它变得完整。这是我们加工灵感碎片的第一步。在接下来的步骤中，我们会使用好莱坞编剧的常用方法，将它加工打磨成一个精彩的故事雏形。

灵感的加工与雕琢

当我们逐一把自己的灵感碎片补充完整之后，会出现一个新的问题：你会发现这些故事没有你当初记录的时候那么酷了，显得平平无奇或者黯淡无光，甚至会让你陷入纠结和怀疑中。到底哪一个故事才真正值得我们费心把它写出来呢？其实，我个人也曾长期受到这个问题的困扰。后来，在一个跨行业交流会上，我从一些编剧朋友的创作习惯中找到了一个行之有效的解决方案。

《老友记》的编剧之一玛尔塔·考夫曼（Marta Kauffman）曾经说过："你以为记在小本子上的都是灵感吗？不，它们都是不值一提的垃圾。除非你能在里面找到一种叫作'故事核'的东西，否则你视为珍宝的东西压根就不值得动笔去写。"

没错，我们记录在便签上、当成宝贝的这些灵感碎片只是单纯躺在我们的便签里、本子上，在没有变成精彩故事之前，是没有任何价值的。好莱坞编剧所讲的故事核听起来很高级，其实归纳起来就是：你的灵感必须能用一句话描述出一个完整的故事，并且里面要包含必要的戏剧冲突。这句话包含了两个重要的关键词，分别是"完整"和"戏剧冲突"。

我们刚才已经尝试把自己的灵感碎片变得完整了，接下来我们需要往里面添加最重要的元素，那就是戏剧冲突。我们来看以下两个案例。

> 《肖申克的救赎》：银行家安迪被人陷害入狱，在狱中受到了典狱长等人的精神和肉体摧残。他迫使自己在残酷的环境中保持希望和智慧，通过20年的不懈努力，最后逃出监狱重获自由。

《哈利·波特》：哈利·波特是一个寄居在亲戚家的孤儿，某日收到了一封魔法学校的录取通知书。通过在魔法学院的学习和努力，他最终凭借智慧和魔法，战胜了邪恶的伏地魔。

尽管一个完整的故事核只有一两句话，却能够让你梳理出故事的梗概，包括故事发生的年代、地点、主角、对手、核心冲突、卖点，甚至结局等丰富的信息。假如你不能用一句话来表达一个完整的故事核，即便你匆忙开始创作正文，十有八九也会卡在半路。那么，有了这句话，有了这个故事核，我们就可以开始创作了吗？别急，我们还要确定，这个故事值不值得我们写，我们要写的是一个精彩的故事，而不是一个普通的故事。要想让一个普通的故事变得精彩，我们还需要增加三种元素。

有目标且麻烦缠身的主角

在我们的故事里，需要有一个具备行动能力的主角，他有着明确的目标，无论这个目标是他原本就有的，还是因为迫于各种压力和麻烦而被动建立的。

一个主角开篇就给自己定了目标：我要成为全世界跑得最快的男人。这种目标来自角色本身的渴望，而这种渴望会赋予他付诸行动的基础动力，有了目标总要去实现。当然，作者需要给他制造许多麻烦，当心中的渴望遇到了现实的阻力，就会产生故事中最核心的元素：戏剧冲突。

当然，让主角深陷困境，也不是必须有坏人阻挠。有时候，人的最大阻力不是现实中的，而是心理或情感上的。情感阻力同样会成为主角的麻烦，能产生同样强烈的矛盾冲突。比如，主角被人诬陷，黑帮和警察都在抓他，他必须行动起来，一边躲避警察的追捕，一边查清真相，还自己一个清白。这种困境是现实中的麻烦。再比如，主角离婚后一直陷于极度自卑中无法自拔，他必须克服心理障碍才能重新开始。这种困境是心理情感上的障碍。

故事要进行下去，主角就必须有所行动，而只有目标明确、麻烦缠身或者受到威胁的主角才有行动的动力。这种麻烦和威胁可以是一切打破主角平静生活的事情。比如，一个生意失败且离了婚的中年男人，守着一个破药店勉强度日，而他的老父亲突然得了重病，需要一大笔钱，他必须行动起来，挽救濒临死亡的老父亲和失败的自己。

我们之所以一定要给主角设置苦难、障碍、麻烦，就是要逼他行动起来，成为推动故事的核心发动机。一帆风顺的幸福生活是所有人的追求，但在故事里这种生活枯燥无比，一文不值。这就是为什么我们看到两个情侣秀恩爱时会完全无视，但如果路上有情侣争吵，我们倒是愿意停下来多看两眼。

制造噱头和亮点

故事里除了一个必须要行动起来的主角以外，还要有噱头和亮点，专业术语叫作核心卖点。严肃而传统的作者喜欢把自己的创意点叫作戏剧性。而商业或流行作者、剧本创作者则更愿意把故事的核心卖点叫作噱头。

戏剧性也好，噱头也罢，不过是不同的称呼而已，目的只有一个，那就是如何利用技巧使故事变得更有趣，更容易与其他故事形成明显的区别，这也是我们自己的故事创意核心点。一般而言，在故事中增加噱头和亮点，有三个常用的方法。

✦ 制造反差

反差感是制造趣味性的一种非常有效手段，比如，人物与事件的反差、欲望与结果的反差、行为与环境的反差、意义与行为的反差等。

《自杀小队》的反差是，主角是一群无恶不作的坏蛋，这个世界居然需要这帮坏蛋去拯救。这是一种典型的反英雄主义，也是人物与事件的反差案例。《西虹市首富》中，主人公明明想尽快花光 10 亿元人民币的巨款，但在他的各种挥霍下，钱反而越来越多。这是行为和环境的反差。我国很多古典故事也非常擅长使用反差来制造戏剧感或噱头，比如《牛郎织女》《董永与七仙女》讲述的就是穷小子和“白富美”的故事，利用人物身份和结果之间的强烈反差来提高故事的趣味性。

✦ 超越日常

美剧《西部世界》最大的亮点就是它创造了一个完全仿真的智能人类世界，可以提供真实的人类探索。这种超出日常体验的故事往往会带给我们很多超越真实生活的独特感受，人们迫切地想知道、想看到在我们的生活范围之外，还有什么样的独特生活。

《聊斋志异》中的那些妖精鬼怪来源于生活，却有着非凡而独特的经历，有着难以解释的神奇遭遇和独特的价值观，让历代读者都为之着迷。

✦ 具有稀缺性

在如今这个人类高度聚集的时代，有一种人或者一些职业，因为极度稀缺而被边缘化、不为大众熟知，甚至不被理解，现实中也没有人愿意尝试去理解他们，但他们仍旧坚守着自己作为小规模群体的独特价值观。这样的稀缺人物和故事，在故事创作上是很占优势的。《鬼吹灯》的亮点就在于，它独创了一套以寻龙点穴为技术支撑的盗墓冒险猎奇故事。

为什么自古以来，恐怖、灵异、志怪小说非常盛行？因为它们除了包含浓厚的猎奇性外，更重要的是，它们还是一种稀缺资源。可问题是，我们在创作小说或者剧本的过程中，如何增加小说的戏剧性，使之变得更有亮点呢？我们又如何让一个平淡的故事变得与众不同呢？答案是：**平常 + 反常 = 戏剧性**。

我们就是要在平常的、日常的、平淡的故事基调上，加入反常的元素，利用平常和反常的对比，让读者产生强烈的反差感和好奇心。比如下面这个平常的故事："一家工艺厂濒临倒闭，几个保安却意外地在废墟里发现了一块价值连城的翡翠，变卖之后，给大家发放了拖欠的工资。"加入猎奇元素后变为："保安们发现翡翠之后，突发奇想举办了一场盛大的宝石展览，由此引来了本地的盗贼、房地产商，形成了三方斗智斗勇的局面。"这就是电影《疯狂的石头》的故事情节的设计方式。

再比如，平常的故事："一个退役的摔跤冠军，想要完成自己未竟的梦想，开始训练自己的两个儿子，最终为自己的国家捧回了冠军奖牌。"加入猎奇元素后变为："一个退休的摔跤冠军，想通过自己的孩子完成自己的金牌梦想，却接连生了三个女儿。在极为重男轻女的印度，这位父亲需要顶住压力，培养出一名史无前例的女性摔跤国手。"这是电影《摔跤吧，爸爸》的故事内核。

从上面两个例子中，我们可以看出，要想让故事有更多的噱头和亮点，可以在人物和情节上寻找突破点。《疯狂的石头》的猎奇元素在于情节，创作者将原本简单的情节优化后，增加了多方势力，同时也增加了故事的独特性。《摔跤吧，爸爸》则是在人物角色和社会矛盾中找到了不一样的突破口，把儿子换成女儿，把故事背景放在了重男轻女的印度，使得这个故事一开始就充满了强烈的矛盾冲突和社会热点话题。

当然，并不是所有的故事都要添加吸引人的猎奇元素和噱头。如果你创作的不是商业小说或者商业剧本，那只需要让人物遇到的困难比实际生活更多一些，情感更浓烈一些就可以了。《平凡的世界》没有任何商业噱头和猎奇元素，但仍能通过小人物和时代洪流的相互碰撞，展现出波澜壮阔的时代改革下，普通人心灵深处的激流暗涌。

深化的主题

无论我们在创作什么样的故事，都会有一个需要紧紧围绕的主题。主题经过故事的诠释、人物的演绎，最后得到了深化，这是作者最想要表达的东西。导演宫崎骏的动画《萤火虫之墓》通过对兄妹俩悲惨生活的展现，表达了对战争的强烈抗议。而《风之谷》的主题则是呼吁人们重视环保。当然，宫崎骏的高明之处在于，他从头到尾都不会在电影里或者台词里表达自己的主题，而是通过故事将想表达的理念自然地凸显出来。可以说，主题是一个故事的灵魂，它能使作品变得更耐人寻味，更具有深度。

在小说的创作过程中，我们往往不能用说教的方式直白地传达自己的主题和创作理念，此时我们需要运用反讽这个武器。反讽就是刻意制造两个表面看来相互矛盾和对立的东西，但实际上它们可能是相互依靠和互相成全的。在电影、剧本、小说的创作中，这种创作方式非常常见，十分有效。

比如：

《我不是药神》中，一个原本对别人漠不关心、自私自利的小商贩，最后却成了拯救很多病人的“药神”。它表达的主题就是，人性和药物制度改革问题。

《绝命毒师》中，一个老实巴交的化学老师发现自己得了癌症后，开始利用自己的专业知识制造毒品，最终成了大毒枭。它表达的主题是，人性的复杂和对犯罪市场的全面解析。

《自杀小队》中，一群恶贯满盈的坏蛋最后却成了世界的拯救者。它表达的主题是，善恶如同一枚硬币，为恶者亦可为善，反之亦然。

这些强烈的反讽设置，不仅能够提供不错的噱头和亮点，还能迂回地表达出作者的主题思想。如果我们的灵感碎片经过一番拉伸后变成了一个完整的故事核，再添加以上三种元素，你重新审视之后，就会发现它已经脱胎换骨，从粗糙的石块变成了晶莹的玉石，已经具备了被创作成精彩故事的价值了。

小结

脑子里稍纵即逝的灵感碎片要想成为值得创作的精彩故事，需要我们有技巧地对其进行加工和改进。改进的第一步就是找出这个灵感的故事核。一个好的、完整的故事核至少要包含以下三种元素。

1. 一个积极行动的主角遇到了不得不解决的麻烦，而且没有逃避的理由和方法。

2. 我们的故事要有噱头和亮点——一个足以把我们的故事和其他同类故事区分开的创意点。这个创意点不需要太大，不要追求完全的、超大的创新，现在流行的是微创新。
3. 我们的故事要有一个主题。可以利用反讽的方式，在故事的创作中，迂回地、委婉地、不露痕迹地、高级地去表达这个主题，让自己的作品更有深度。

02

搭建故事结构 1：经典三幕剧结构

在第 1 章中，我们已经把灵感碎片归纳成了一个故事简介。尽管它非常简短，却蕴含了小说中的各种元素，比如主角、冲突、噱头、结尾等故事创作必不可少的环节。

这一两句话的简介就如同一个故事的种子，已经初步具备了生长的力量。接下来，我们需要继续精进，给予它生根发芽需要的环境，让它能够持续生长。

在故事创作过程中，有些作者擅长写情节，有些擅长写人物，有些随手就能写出炫酷华丽的打斗场面，还有些作者擅长写对话。

尽管人物、情节、悬念、场景等都是故事组成不可或缺的元素，但作为小说写作者，必须学会的一个技能就是能够把这些组成精彩故事的元素，搭建成一个完整的结构。

这在新手创作故事的过程中往往很容易被忽略。很多人认为，我的故事只要有出彩的情节、充满魅力的角色和足够的矛盾冲突就可以了。其实不然，故事创作有时候就像工程项目管理，如果我们把第 1 章提炼完整故事核心的工作比作确定建筑风格，那么本章的内容就是要告诉你，如何为你的故事搭建出一个完整而坚固的框架。

在如今的故事创作领域，无论是舞台剧、电影剧本还是小说，主流创作者大都会遵循三幕剧的框架模式来进行创作。

三幕剧这种戏剧结构最早可以追溯到古希腊戏剧或莎士比亚时期的舞台剧创作。顾名思义，三幕剧结构就是把一个完整的故事分成三个部分，每个部分承担相应的任务和体量。通常来讲，开头部分占整个故事的25%，中间部分占整个故事的50%，结尾部分和开头一样占25%。

因为这种结构完美贴合了人们的故事阅读和观赏习惯，所以一直被沿用至今。同时，这种框架也是好莱坞编剧最常用的一种方式。多年以来，这种方式被编剧和小说家们用得极为顺手。在我们常见的一些国内外电影、电视和小说剧本里，大都能够找到三幕剧结构的影子。

我们如何利用三幕剧搭建故事结构呢？简单来说，故事结构就是由开头、发展过程、结尾三个板块共同构建而成的，并且每一幕都需要完成和释放独立的故事任务。在第一幕给主角制造问题，在第二幕让主角尝试解决问题，在第三幕问题得到了解决。虽然这看起来非常简单，但三幕剧作为基础的叙事框架结构，已经在无数编剧和小说家手中得到了有效的验证。

它之所以简单有效，正是因为这个提出问题、尝试解决问题、最后解决问题的过程暗合了人们的心理需求。在写作过程中，如果按照这样的框架思路去做整体设计，会让读者不知不觉地跟随你的故事发展读下去，满足读者一探究竟的好奇心。当然，这三幕剧是一个大体的框架，你需要为每一幕设计更精细的小框架，以指导自己进行更清晰地创作。

近代以来，随着电影业的蓬勃发展，好莱坞的编剧们以三幕剧为基础不断优化，取得了空前的成功，几乎每一部好莱坞电影里都暗含了三幕剧的精髓。甚至有人把这套方法细化成了若干个环节，并且取名为“英雄之旅”。我们来看一下这个更加细化的内部框架，你就能清晰地明白，一篇小说的骨架和血肉是如何被牢固地组织起来的。

第一幕　给主角制造问题

介绍英雄生活的世界

想象一下主角最开始生活的世界。电影《蜘蛛侠》的开端部分，蜘蛛侠还是一个高中生，生活在姑姑家里，一切意外还没有发生。电影《指环王1：魔戒守护者》的开端部分，弗罗多和山姆生活在美丽的家乡夏尔，整日喝酒唱歌，无忧无虑，魔戒还没有出现。

这个阶段主要的任务是介绍英雄生活的世界，让读者知道，这是一个什么样的世界，主角是一个什么样的人以及这是一个什么调性的故事。

意外事件打乱了英雄的世界

这时意外发生了，打乱了主角平静的生活，让他开始变得不一样，或者必须行动起来。我们再以刚才的两个故事为例。在《蜘蛛侠》中，这个叛逆的高中生发现了父母的失踪和一家奇怪的公司有关。他偷偷潜入该公司之后，被蜘蛛咬伤，拥有了特异功能。在《指环王 1：魔戒守护者》中，100 多岁的霍比特人巴金斯受到了魔戒的影响，把守护魔戒的任务交给了侄子弗罗多，弗罗多必须动身前往末日山脉销毁魔戒。这些都是打破主角平静生活的事件，迫使他进行下一步的选择和行动。

主角跨越那条界限进入英雄世界

这里指的是，面对意外和不确定性，主角依然选择继续走下去。如同《星球大战》中，卢克决定忘掉自己只不过是个机器人小贩的事实，毅然决定踏上星际之旅去拯救公主。又如《蜘蛛侠》中，获得特异功能的年轻人终于决定要用自己的超能力去惩恶扬善，成为一名令人爱戴的蜘蛛侠。只有主角做出了改变的决定，故事才算真正开始。

第二幕　主角尝试解决问题

需要出现一个导师或朋友帮助教导主角

在这个阶段，由于主角面对的是一个陌生的世界，一些他从没有经历过的事件，所以会出现类似于精神导师或者朋友的角色，帮他度过最开始的适应期。这个角色可以参考《功夫熊猫》里的老鼠师父，《魔戒》里的白袍法师甘道夫，《奇异博士》里的古一法师等角色。

由于社会文化的不同，中国的故事更加注重故事性而非角色，因此导师的角色往往是由主角的好朋友、长辈、前辈来充当。在很多中国的武侠小说中，主角往往会得到一位恩师或者朋友的帮助，从而走上英雄之旅。

英雄之路上多有黑暗势力

所有的英雄之旅都不会是一帆风顺的。主角在这个阶段会遭到来自反对势力和反派的猛烈攻击，甚至还会遭遇自己缺点的阻碍等，他需要克服一个又一个难关。你还可以把这个阶段当成专门为主角设置的闯关游戏，他需要面对很多困难，就像游戏中的关卡，必须要顺利地通过一个关卡，才能进入下一关。

这里用到的关卡比喻，有时候并非单指坏人、对手等人物角色带来的阻碍，也可能是环境和主角自身性格造成的困难。比如，高中生林峰的梦想是参加全国高中生篮球赛，但因为违反了学校纪律，很有可能会被勒令退出篮球队，他必须想办法说服教导主任，改变学校对他的处分。经过一番努力，教导主任提出了一个条件，如果期末考试林峰的成绩能达到及格线，就准许他继续参加篮球赛。

对于主角来说，这种情节就是通往胜利路上的一次挑战，也是一个关卡。当然，如果上述故事中，参加全国高中生篮球比赛是主角的终极目标，那么挑战就不会仅限于此。接下来，他可能还会遇到其他的阻碍。当然，虽然主角在通过每个关卡时都非常艰难，需要付出巨大的努力，甚至需要借助外力的帮忙，但每个阶段性的胜利和失败都会带来相应的结果。

林峰为了期末考试能够及格，除了拼命努力以外，还真诚地请同学帮忙。期末成绩出来以后，不但他的成绩全部都超过了及格线，而且更重要的是，在整个过程中他也收获了同学之间纯真而牢固的友谊。

当然，有时候为了增加“游戏难度”，作者也会故意让主角努力过后仍然失败，从而需要面对更大的困难。角色的命运全靠作者在背后拨动，从而产生不同的戏剧效果。

英雄一定要克服自己的心魔

在英雄之旅中，最后阻碍英雄获得成功的大都是英雄自己，这也暗合了人们常说的那句话：“人最难战胜的是自己。”

就像我们上面所说的林峰面对的情况。经过同学的帮助，林峰好不容易考试及格，教导主任也如约撤销了对他的处分。然而，他在奔往赛场的路上看到了欺负女孩的不良少年，打架会让他再次受到处分，还有可能因此迟到或者受伤从而影响自己参加梦寐以求的比赛。此时，又一个艰难的选择摆在了主角的面前……

一边是被人欺负的少女，出于正义感，他应该上前阻止那些不良少年；另一边是自己的梦想——顺利参加全国高中生篮球赛，帮助少女可能会给他带来麻烦，使他无法顺利实现梦想。

这个艰难的抉择就是克服自己心魔的过程，他可以自私地选择视而不见，绕开那些不良少年，奔向代表自己梦想的球场；也可以如同英雄一样，救助少女，结果错过比赛，留下遗憾。

但我想，有经验的作者和编剧一定会让他先是狠心地绕开，等走远之后因为还是无法原谅自己的见死不救而重新回来，勇敢地挡在少女面前，独自面对一群不良少年。所以，这个阶段是角色克服自身缺点，勇敢做出改变的绝好时机，也是通过艰难的选择凸显人物性格变化的弧光时刻，一定要好好利用。

总有新的转机

这个阶段是意外出现的。因此，当林峰丢下运动背包，准备和不良少年交手的时候，那些在学校里一直和他作对的几个差生就站了出来。

“打架的事情交给我们就好了，如果比赛输了，我们不会放过你的。”那几个学生一边说着狠话，一边挡在了他的身前。

当英雄的能力到达瓶颈，看似没有希望的时候，总会冒出一个像护身符一样的东西，或者是一个同伴甚至是敌方阵营里突然有人朝他伸出了援手。无论如何，这个意外会让故事给人“柳暗花明又一村”的感觉。

第三幕 问题得到了解决

最后一战

当英雄战胜了自己，获得了意外的帮助，那么最后的巅峰一战就可以安排了。此时，往往是整个小说或者剧情中最高潮的部分，所有的热血和激情，所有的爱恨和恩怨都要在这个阶段做一个了结。

正义和邪恶，光明与黑暗，要在这个阶段进行最后的大碰撞。前面所有积累的情感和能力务必在这个阶段完整释放，所有的主题和场景都要在这个阶段被酣畅淋漓地表达和描写，这里就是整个故事最精彩的部分。

对应到文中林峰的故事上，最后这一幕高潮应该就是一场酣畅淋漓的篮球赛了。青春与热血，爱情和友谊，梦想与汗水，都将在最后一场赛事中伴随着惊心动魄、悬念迭起的比赛分数而被最终释放。作为故事主角，林峰可以在最后时刻力挽狂澜，赢得比赛，捧起自己梦寐以求的冠军奖杯。他也可以以一分之差惜败，遗憾之余仍能感受到篮球带给自己内心的热情和喜悦，怀着更大的格局向对手表示祝贺。

英雄的回归

经过一番苦战，英雄大都会在最后时刻战胜大反派。无论是在能力上还是自身的心境上，英雄会达到一个新的高度，此时他将暂时重归自己的世界。当然，故事就像生活一样，并非每个故事都有完美的大结局。有时候鉴于作者想要表达的主题不同，故事也有以遗憾甚至悲剧结束的情况。

需要提醒各位的是，如果这场比赛想让林峰以惜败为结局，一定要给他安排上巨大的“安慰奖”，不然读者或观众是不会买账的。这个安慰奖有可能是，虽然比赛失败了，但林峰在比赛中敢于拼搏到最后一秒，永不放弃的精神打动了观众席中的一个国家级球探。赛后，他向林峰伸出了橄榄枝，邀请他到更大的赛事中参加比赛。或者，林峰失落地走出赛场，转角遇见爱，收获了校花的青睐，等等。

从以上对英雄之旅的步骤分解上，我们可以看出，在三幕剧的结构之下，每一幕都承担了各自的独特作用，同时也要完成相应的任务。

第一幕要完成的任务

展现模式

我们要把主角的日常生活展现出来。比如，一位雷厉风行的职场女性精英，每天都在为工作奔忙。这是为了让读者了解主角以及她所处的世界。

打破模式

这里需要出现一个意外，打破主角的日常生活模式。比如，某一天，她在一场策展上结识了一位极具才华的魔术师，两人一见倾心。当主角的平静生活被打破时，故事才真正开始。

行动模式

当主角遭遇意外时，她需要采取行动。比如，女主角以工作为主要人生乐趣，她不相信爱情，但又渴望爱情。在闺蜜的鼓动下，她最终决定主动出击，去俘获魔术师的心。

无论主角选择哪一个选项，我们都需要给出理由，即为什么他要这样做。只有给出了真实可信的理由，读者才会关心主角，才会和他站在一起。

第二幕要完成的任务

挑战模式

在第二幕中，女主角毅然选择了爱情，依靠自己过人的魅力，成功地和魔术师走到了一起，成为令人艳羡的一对。但细心的女主角也发现，自己的男友似乎难以捉摸，总是显得神神秘秘的。有经验的读者一定能够发现，这么轻易达到的目标，一定不是故事的核心目标。接下来，女主角还将面临一系列麻烦。

在第二幕中，即我们所说的猪肚部分，信息量巨大，因为主角要接受一个又一个挑战，战胜一个又一个困难，就像唐僧一样，需要经过重重磨难才能取得真经。

虐待模式

如何才能让第二幕既丰满又好看呢？最简单的办法就是虐待主角。为主角设置一个又一个障碍，一次次把他逼上绝路，在身体上以及精神上给他打击，让他跌入一个又一个困境里，再一次次地爬起来。

> 魔术师男友要求女主角想办法把自己调到她的公司内部，好不容易成功后，他又犯了一个极为严重的错误，女主角为了保护他承受了很大的舆论压力。
>
> 没过多久，女主角发现男友实际上是在窃取公司的重要数据。她暗中调查之后，发现这个魔术师男友实际上是竞争对手安插在自己身边的商业卧底。和她的浪漫邂逅、一见钟情自然都是他刻意安排好的戏码，他真正的目的就是利用自己的职位便利，窃取公司的数据。
>
> 不仅如此，女主角还发现自己的闺蜜和自己的男友关系密切，她也参与了这次商业间谍的策划行动。
>
> 一个又一个打击和挑战接踵而来……

在这一部分，我们要不停地虐待主角，使他面对更多的困难、险境，从名誉、金钱、权力、情感、身体和个人安全等各个层面给他打击，总之要让“他怕什么来什么”。只有这样，主角才会像受到惊吓的鳗鱼一样，不停地游动起来。接下来，我们就可以为他设计丰富的行动路线了，而且每一个行动还必须带出下一个行动。情节环环相扣非常重要，我将会在后面的章节中详解这一点。

作者要让读者跟随主角进行困难重重的冒险，感受波澜起伏、险象环生的故事情节。每每主角陷入绝境，读者为主角捏一把汗的时候，作者要让主角死里逃生，这会让读者产生过山车一样的感受，这是第二幕需要带给读者的最佳体验。

第三幕要完成的任务

设置反转

在主角濒临最后的绝境时，作者需要脑洞大开地想到一个反转，让主角反败为胜。

女主角的魔术师男友和闺蜜被揭穿之后，他们也都大方地承认了自己的犯罪行为，并要挟女主角和他们合作，彻底整垮这家公司。

女主角假意答应之后，搜集到了两人更多的犯罪证据，并将摄像机装在了男友送的礼物里，拍下了他们的罪证。

最后，在年底的晚会上，魔术师在自己表演魔术节目的时候，被女主角更换了道具和要在屏幕上播放的视频，自己揭露了自己的罪行。背叛女主角的闺蜜也被曝了光。

到了第三幕，主角通常会面临作者为他设置的一个最大的坑，一个最大的困难，读者急切地想看到他能不能通过最后的考验，打败最大的幕后黑手，成为最后的英雄。

但是，往往困难越大，脱困的难度就越大，因此，我们在写第二幕的时候，就要学会在里面埋一些暗线和线索，就是为了在这一幕发生反转时使用。

以前所获得的道具会成为主角打开牢笼的钥匙，以前救过的人、送过的礼物，此时可能会突然出现并给予他帮助。往这个方向想一想，其实设置反转就没有那么困难了。

峰值体验

最后，作者要给读者一个非常满意的完结方案。根据峰值体验的理论，人们会对一段体验的结尾感受印象深刻。因此，有的作者会说："开头写得好能让读者买下这本书，而结尾写得好，能让读者买你的下一本书。"因此，我们要写一个好的结尾，给读者一个满意的阅读体验。要让读者读完最后一个字后，能心满意足、意犹未尽地合上书本，最好能够在他下一次朋友聚会的时候，给朋友推荐一下你的作品。

我们通过梳理，可以看到一个完整的故事结构清晰地展现在了我们面前。当然，这个结构并不是一成不变的，我们可以根据自己创作的题材，灵活地进行改动。

千万不要认为这个结构只适合好莱坞的商业故事，或者认为这种结构被反复使用之后已毫无新意可言。我之所以在这个三幕剧的英雄之旅结构中貌似不合时宜地放置一个现代职场类故事案例，就是想要说明，这个结构不只适合好莱坞式的英雄故事，同样也适于其他各种题材使用。

最后，我们可以思考一下，如何利用三幕剧结构创作言情、悬疑、玄幻、商战等其他题材的故事呢？

小结

在本章中，我们讲了故事结构的搭建方式，主要围绕三幕剧结构搭建大的框架，并且在三幕剧的体系下面，使用了英雄之旅的小框架来完善整个作品的结构。

第一幕：给角色制造麻烦

在这一幕中，我们需要完成对角色和世界观的介绍，并在恰当的时机让他遭遇麻烦，逼迫主角行动起来，开始冒险之旅。

第二幕：尝试解决问题

在第二幕中，主角需要不断地遭遇困难、解决困难。在此过程中，他可以遇到导师、朋友，可以收获友谊、爱情。困难和奖励交替出现，之后主角要准备迎接最大的危机。

第三幕：问题得到解决

在最后一幕中，主角需要和反派进行正面战斗。根据题材的不同，可以是身体上的对抗，也可以是智力上的交锋。总之，要把剧情推到最高潮，并在最危险的时候出现转机。最后，主角在战胜对手的同时，也会完成自己的情感蜕变，顺便升华主题。

03 搭建故事结构 2：从寻找核心冲突开始

人们天生就爱听故事，这是刻在人类基因里的爱好。早在远古部落时期，我们的祖先就已经在夜晚的山洞里，围着篝火讲故事了。整个华夏文明几千年一脉传承，靠的就是中华民族无与伦比的讲故事能力。

讲故事是人类与生俱来的能力，但同时也需要有技巧。当我们给孩子说“来，今天给你讲一下唐朝时期中国佛教和道教之前的竞争关系”时，孩子肯定不爱听。但如果你说“孩子，今天给你讲一个《西游记》里齐天大圣大闹天宫的故事好不好”时，孩子肯定会拍手说好。

这就是故事的魅力，人类在数万年的进化过程中，对故事的感受力也惊人的一致。也就是说，人们喜欢听的故事大都有一个固定的戏剧结构。掌握这个结构能让我们的故事创作能力有一个飞跃式的提升。

对很多人来说，齐天大圣孙悟空大闹天宫、哪吒闹海、鲁提辖拳打镇关西，以及武松打虎等，都是耳熟能详的故事。

你一定发现了，以上故事的题目里要么包含了“闹”，要么包含了“打”，这些故事之所以能够被我们记住，原因在于里面都有一个共同的特点：冲突。比如，大圣和天兵天将的冲突，哪吒和敖丙的冲突，鲁提辖和镇关西的冲突，武松和虎的冲突，穷苦百姓与封建制度的冲突，等等。因此，我们的故事里最重要的环节一定要有冲突。

冲突这个东西为什么有魅力？冲突是存在于我们人类的基因中的，我们会和大自然发生冲突、和野兽发生冲突、和气候发生冲突，和部落、敌人、朋友，甚至是亲人发生冲突。可以说，冲突是一切故事发生的源泉，没有冲突就没有故事。

一个故事框架的构建可以从寻找故事的核心冲突开始。核心冲突一旦找到并设置完成，就像推倒了第一张多米诺骨牌一样，会产生一系列连锁反应，故事自然而然就发生了。

因此，请铭记古往今来的戏剧大师和无数小说家交给我们的简单公式：

渴望＋阻碍＝冲突

《梁山伯与祝英台》的冲突是：两个人渴望相爱，但却被贫富差距阻止。

《哪吒之魔童降世》的冲突是：哪吒渴望成为大英雄，却被百姓当成了怪物。

当我们找到了一个故事的核心冲突时，按照故事发展的关键节点进行推演，就会得到一个相对完整且牢固的故事框架，为下一步制作故事大纲打下坚实的基础。

从寻找冲突开始，七步搭建好故事框架

第一步：通过主角的过往，找到他的渴望?

根据主角的性格、职业、年龄、喜好，很容易就能找到他最喜欢、最想做的事情。如果我们的主角是一个 18 岁的男高中生，他的渴望很可能有以下几个方面：

1. 进入优秀的大学；
2. 爱慕一位优秀的女同学；
3. 成为全校学习成绩第一名。

当然，这些是所有人都能想到的常规渴望，如果你想让自己的角色更具个性化，那我们在寻找他的渴望时，可以追溯一下他的过去。一个人的人生经历，往往能够在很大程度上影响他对生活的渴望。比如：

因为小时候父亲曾带他去看过一次现场摇滚演出，他疯狂地迷恋上了摇滚这种音乐艺术，所以渴望成为一名摇滚乐手。

因为身为留守儿童，他的童年没有父母的陪伴，闲暇时光全都在游戏厅中度过，学习成绩极差，所以他更愿意成为一名电竞选手。

通过对人物过往的联想，我们甚至一会儿工夫就能想出十几种截然不同的人物角色和他们对未来的渴望，并且这个过程非常有趣。我们可以天马行空地想象而不用有压力。唯一需要记住一点的是，人物所有的渴望都需要有理由。

你不能让一个 65 岁的正在街头散步的老大爷，突然萌生了要竞选美国总统的渴望。当然，即便真的有，也必须给出令人信服的理由。

另外，在故事中，主角的渴望不一定都是轰轰烈烈的事情，也有可能非常不起眼。比如，在一个短篇故事中，罗比第二天有一个非常重要的面试，他必须在火车的卧铺车厢里睡个好觉。这个渴望简单吧？可就连这么一个小小的愿望，作者都不会让他轻易实现，于是当他平躺在卧铺床上的时候，各种奇葩的乘客纷纷登场了……

第二步：用障碍激怒主角，让他抓狂。

由于人们独特的心理机制，我们发现，人们对没能完成的事情都会耿耿于怀。

> 晚上约了朋友去喝酒，却被老板留下来加班。
>
> 网上看了很久的名牌包包，等下单的时候发现没货了。
>
> 参加一个重要的会议，马上就要迟到了，偏偏碰上了大堵车。

这些时常发生在我们生活中的事情，或多或少都会让我们抓狂。如果我们对这些事情的渴望被放大 10 倍，我们的愤怒情绪也会扩大 10 倍，让我们变成一个狂暴的金刚。

求而不得是人生的一大苦难。作者就是要把这种求而不得的苦难从现实生活中找出来，添油加醋后放到自己故事中的主角身上，默默地看着他经历崩溃、愤怒、绝望等各种情绪，然后选择逃避或者反抗。

因此，当我们在第一个步骤中给人物角色创作了渴望之后，接下来就需要制造障碍堵住他通往梦想的道路。

主角的渴望是当上 CEO，迎娶既漂亮又富有的姑娘吗？那就让他从公司底层做起，给他安排一个尖酸刻薄的女上司。主角的渴望是见到自己年轻时的女神，然后共度良宵？那就安排他们到陌生的城市见面，并且安排姑娘的弟弟随时拿着摄影机监视他。

哪怕主角仅仅是想要一个松果、一次好的睡眠，或者就想回家过个年，无论多么小的愿望，一旦成为故事的核心冲突，就不能让他轻易实现。

第三步：用冲突逼迫主角行动。

当我们的主角遇到了阻碍，就会激发他的下一步行动。他必须动起来，面对这个阻碍。当然，如果主角是一个懦弱的人，选择了逃避，这也是一种行动。

蜘蛛侠被变异蜘蛛咬伤以后，他一开始是抗拒自己的超能力的。他性格懦弱，不愿意成为一个英雄。这时，必须有人推他一把，把他逼到绝境。

这个坏人应该由作者来当。于是，蜘蛛侠的姑父因为担心他的安危，在深夜的路上被几个小混混捅死了。当蜘蛛侠见到把自己亲手带大的亲人死在了歹徒的手里时，他终于决定，要利用自己的超能力去惩罚恶人了。

主角应对障碍的方式，以及他遇到障碍后的行动，正是体现他个性的时候。遇到事情迎难而上，那你的主角就是个果敢坚毅的人。遇到问题畏首畏尾，逃避现实，那他就是个胆小懦弱的人。用行动来塑造一个人物的个性是最自然的，作者一定要好好利用。

第四步：不要停，一次行动的结果就是下次行动的开始。

哪里有压迫，哪里就有反抗。在你的逼迫下，主角终于决定要反抗了。依照他的性格，他会想出什么样的办法来打破眼前的困局呢？他的行动到底是成功了还是失败了呢？如果他成功突破了第一个障碍，那就给他设置第二个障碍。如果他在突破障碍时失败了，又能从中获得什么呢？是认识了一个朋友，还是得到了一把宝剑？

不管成功与否，只要主角开始行动了，就不要轻易让他停下，要制造一个又一个阻碍，之后带有逻辑连贯性的情节就这样产生了。

《人在囧途》的主角只是想在春节前顺利回家过年而已，他最大的阻碍就是遇到了一个天真纯良的农民工。一路上，两个人因为身份和价值观的不同产生了很多矛盾，在一次次突破障碍的同时，他们也贡献了一个让人啼笑皆非的公路电影。

给主角设置重重阻碍是作者必须要下的“黑手”。阻碍的强度最好逐渐增强，以便让主角在冲破阻碍时，能够获得成长，升华主题。

第五步：用意外拉高期待，打造强度最高的障碍。

在故事的中后段，当主角经历了重重考验即将达成目标时，你需要设置一个意外事件，打破主角和读者的所有幻想。想象一名古筝选手在参加比赛的时候，前面一切发挥得都非常完美，但临近高潮的时候，古筝突然断了一根弦……

这个强度最高的障碍必须达到让所有人都认为“他完了”“糟了，他死定了”的效果，甚至认为这是一个不可能完成的任务。读者会被强烈的好奇心牵引，在拉高期望值的同时，也会十分好奇主角会用什么方式克服难题。

比如，好莱坞动画电影《花木兰》中，身为女孩子的花木兰终于克服种种困难，能够和战友们并肩作战。但是，在取得了一次小型胜利之后，她突然暴露了自己的女人身份，导致她被踢出了军队。所有人都抛弃了她，并将她留在了冰天雪地里。

意外的出现会让读者感觉整个心被纠起来了，带着扼腕痛惜的心情，对接下来的故事充满期待。

第六步：用转折让主角绝处逢生。

主角的行动遇到了最大的挑战，局面一度陷入僵局。主角可能身负重伤，濒临崩溃或性命垂危，此时你需要制造一个转折，让主角能够绝处逢生，不至于真的死掉。

这个意外最好是既在意料之外，又在情理之中，且最好是你之前就埋下的线索。这样读者才会很快接受，并恍然大悟。

意外之后产生的大转折，在关键时候会起到扭转局势的作用。比如：

> 男主角经历了千辛万苦终于到达了一个古墓，但却无论如何都无法破解密码。眼看古墓即将坍塌，危急时刻，他才发现自己身上从小到大都非常厌恶的鬼面文身，才是开启古墓的重要线索……

第七步：用好结局抚慰主角，满足读者期待。

经历了前面这么多波折，读者期待主角在最后能一次性把问题解决掉。所有的角色，所有的冲突都必须在最后一刻爆发。作者必须在结尾设置一场宏大的、华丽的好戏，慰劳一路跟随的读者。

最后的结局是什么？经历了这么多，主人公的目的达到了吗？如果没有达到，他是否收获了更重要的东西，比如爱情或友情？

《港囧》中，徐来最后终于如愿见到了自己的初恋女神，但在最后关头，他毅然放弃了和女神发生关系，选择回归自己的家庭。

尽管他没有实现故事最初的目标，但却得到了更重要的东西，这也是电影主题思想的呈现时刻。

好了，通过寻找故事的核心冲突，我们自然而然就完成了一个完整的故事架构。你可以尝试把自己脑子里的故事套在几个步骤当中进行检视，把不完整的地方补全，说不定就是一个完整好看的故事框架了。

小结

目标——阻碍——行动——挫折——意外——转折——结局。

世界上大多数故事中都隐藏了上面这个骨架，你可以把自己喜欢的故事或电影按照这样的逻辑进行嵌套，你会发现简直严丝合缝。

我们就用《花木兰》的故事给大家再梳理一遍整个故事编排的思路。

1. 找到渴望与目标：花木兰替父从军，渴望击败匈奴。
2. 找到阻碍因素：因为女性的特殊身份，她在军队里显得格格不入。

3. 逼迫主角行动：她咬牙坚持，和同伴们操练武功、训练兵法，终于获得了将军的青睐。
4. 行动发生了结果：花木兰的努力得到了回报，在一次小范围战斗中获得了胜利。
5. 用意外拉高期待：随后，花木兰的女性身份暴露，被将军逐出了部队。
6. 用转折绝处逢生：被将军抛弃的花木兰，意外地听到了匈奴进攻京城的绝密计划。
7. 用结局满足观众的期待：花木兰在皇帝最危险的时刻，及时拯救了他，拯救了国家，成为战功赫赫的英雄，衣锦还乡。

我之所以会用这个古老的故事来做案例，其实是想告诉各位，自古以来，这个故事架构就已经成形了。人们在千百年来的故事传承中，一致有意无意地遵循着这一法则，说明这种故事套路是符合人类的阅读理解规律的，是一套行之有效的简单公式。

当然，当我们对故事的架构有了更深入的了解，就能够创作出变化更多以及更复杂的故事架构。

因此，在创作初期，运用以上七个步骤的思路，你也能快速搭建一个故事架构。请你用这样的方式快速完成一个自己的故事，把它记录下来，不需要太长，两三百字即可。这样反复练习几次，你就拥有了一个非常重要的写作基本功，恭喜你离成功又近了一步。

04 写好故事大纲，故事就成功了一半

当我们搭建好故事框架后，接下来需要对其进行进一步加工和完善。我们需要把故事情节融入框架中，使其变成一篇完整的故事大纲，这对故事创作来说是极为关键的一步。同时，对于刚刚踏入写作门槛的新手作者而言，故事大纲也是一个无论如何都绕不开的话题。

我个人对故事大纲有着很深的执念，因为以前不懂如何写大纲，多次错失了让作品出头的良机。可以说，大纲是阻止我真正进入写作领域的最大的拦路虎。它曾经长久地把我堵在写作大门外，使我苦苦挣扎了很久。

我自己在做了杂志编辑、小说网站编辑后，开始接触大量五花八门的小说大纲，终于融会贯通，总结出了一套最适合自己的大纲写作方法。

我深刻地意识到，小说的大纲就像一个作家的武功秘籍，也是他的核心竞争力，因此你很可能看不到它的真面目。一旦你学会了熟练地写出一份故事大纲，就相当于打开了任督二脉，获得了飞跃

式的进步。甚至可以毫不夸张地说，把大纲做好，作品就已经成功了一半。

在这一章中，我要一次性讲透如何写小说大纲。无论是为实体出版的作品写的标准大纲，还是为网络小说写的自由大纲，我都希望不会有人再因为大纲写不好而被阻拦在写作和出版的大门外，我知道那种感觉非常糟糕。

一般而言，新手作者写大纲时会有以下几个比较集中的问题。

为什么非要写故事大纲

其实，到底需不需要写故事大纲，在业内始终是一个有争议的话题。创作者们并没有就此达成共识。目前，关于大纲，创作者们主要分两派：大纲派和自由派。

我个人认为需不需要写大纲因人而异。我会分别把大纲派和自由派的优势和劣势罗列出来，读者可以根据自身的情况进行选择。

故事大纲是我们在创作一个故事之前，对整个故事的一次简短的预演，也是对整个故事内容精华的一次提炼。它最大的作用就是，让我们在漫长的创作过程中，始终不跑题、不偏题，让我们始终不忘初心地、顺畅地把故事创作完成。

比如，如果把故事创作当成一次户外旅行，那么故事大纲就是我们的旅游地图或者指南。它最大的作用就是让我们在这次旅行当中不会迷失方向，更不会误入歧途。

故事创作一般要持续一段时间。除了微型小说以外，一般长篇故事的字数都在 10 万字以上，有些网络小说的字数更是动辄百万甚至千万。

试想一下，在这样庞大的故事当中，在这样漫长的创作过程中，我们不太可能把所有的故事情节、人物特征、悬念伏笔、冲突矛盾等都记在脑子里。

因此，我们要做的是把它简明扼要地写出来，以便在创作中遇到迷茫或情节转折的时候，回头看一看大纲，从故事中幽暗的小径或情节的迷雾中走出来。或者在孤独寂寞的写作过程中，当忍不住想要放弃的时候，重新翻看自己当初写下的大纲，找回当时想要创作的激情，从而振作起来。如果你的作品将出版纸质书，那就需要写出标准格式的故事大纲给出版社的编辑看，这也几乎是所有走实体出版的作品的必经之路。

当然，有一些作者不太喜欢写故事大纲，这类作者大都属于灵感型作家，写作极其依赖灵感。他们喜欢在创作的时候按照人物性格或者故事环境临场发挥，不喜欢受事先规划好的大纲束缚。在他们看来，如果整个故事大纲已经确定了，那接下来就只能机械地码字了，创作的乐趣就会少很多。

由于不愿意被束缚，这类创作者选择了更自由奔放的写作风格。当然，这样做的弊端就是，他们的创作会时常陷入僵局，因为灵感的缺失，或者没有提前规划，情节往往会走进死胡同。此时，作者必须绞尽脑汁，想出合情合理的解决方案，才能让陷入僵局的故事情节重新活泛起来。

最后，我个人建议，如果你不是天才狂放型的作者，不是那种灵感随时如泉涌的作者，就不要轻易选择自由挥洒的写作方式。

我相信大部分作者还是期待自己的作品能顺利进入出版市场、影视市场或者 IP 市场的。我们既然把它当成一个产品来对待，自然就应该有更科学合理的创作方法。

我个人曾经因为不会写大纲，也不愿意写大纲而吃过亏、栽过大跟头，因此我强烈建议作者熟练掌握故事大纲的写法和格式，因为它真的很重要。

故事大纲的分类

需要说明的是，我们所说的故事大纲分为两种：自用大纲和投稿大纲。

自用大纲：主要用于辅助创作，以避免出现思路不清和逻辑混乱等错误。

给自己看的大纲相对要求不高，就是把自己脑子里酝酿的故事写到纸上、记在手机或者电脑里。很多新手作者喜欢用脑补的方式，不断地在大脑里完善整个故事情节。我觉得这种方式其实非常不靠谱。当你长时间在大脑里酝酿一个故事之后，感觉故事在你的大脑中已经非常成熟，甚至呼之欲出的时候，实际上根本不是这样的。

当你把在脑子里酝酿好的故事简略地写出来的时候，可能会发现，整个故事漏洞百出，情节逻辑简直不堪一击。因此，我们需要把整个故事先在脑子里大概过一遍，然后把它写成一个简略的大纲。书写的过程是再次梳理的过程，我们需要调整一下不符合逻辑的地方，使之变得更符合逻辑、情节更完整、人物角色更真实。这个过程非常像玩拼图游戏，并不枯燥。

一般而言，一个 10 万字左右的故事，有 3000～5000 字左右像小短篇一样的故事大纲就可以了。这份大纲是写给自己的，格式上没有任何要求，只要你自己看得懂就行。就算在写的时候，猛夸自己的作品也是可以的。这样，当你在以后的创作中遇到困难或者激情退却的时候，看见自己曾经把这个故事吹得天花乱坠，也许会重新燃起创作斗志和信心。

投稿大纲：这是一份给编辑看的故事大纲，主要用于正式投稿。

投稿的故事大纲对作者而言非常重要，你一定要慎重对待。这份大纲可能会成为你敲开写作大门的敲门砖，是你成为作家的必经之路，更有可能会成为你登上大神天梯的垫脚石。

给编辑看的大纲，要么是我们写好之后主动投递给出版社编辑或者网站编辑，要么是我们在投稿前联系了编辑，按照编辑的要求写了大纲和作品简介。无论是哪种情况，这份大纲既然有机会让编辑看见，就代表它有成功的机会。它的任务就是要使编辑对作品产生好感，甚至是打动编辑，使编辑在万千稿件中能对这个作品青眼有加，甚至能够和你签约或合作。

因为行业原因，很多出版社对大纲的格式、字数甚至是字体、字号大小和行距都有明确的要求。如果你能够制作出清晰明了、格式规整的大纲，那即使是面对在格式方面要求不太严格的编辑，也会获得一个非常好的印象，甚至会得到他们的更多尊重；因为从大纲上来看，你至少不像一个门外汉。

一般而言，投稿用的故事大纲需要包含以下几个元素：

1. 作品介绍；
2. 一句话推荐；

3. 内容简介；
4. 故事大纲；
5. 作品卖点，如风格、特色、亮点、市场、对标作品；
6. 人物介绍；
7. 正文。

我们以科幻神作《三体》为例，分别介绍一下整个大纲的框架构成和写法。

作品介绍

书名：《三体》
字数：30 万～45 万字
类型：科幻 / 悬疑

作品介绍是介绍整本书的基本情况，包含名字、字数和故事的风格类型。它们是整本小说最基本的信息。

一句话推荐

比如，探寻外星文明的绝密计划“红岸”取得了突破性进展，历经磨难的叶文洁没有意识到，自己按下的发射键，彻底地改变了人类的命运。

一句话推荐真的只需要一句话，只需要勾勒出故事的大概就可以了，不要写太多。因为你的作品如果被编辑看上，接下来是要有很多人过目的，编辑要开组稿会讨论，要给影视公司的制作人看，有可能还要给投资的老板看。有些领导可能没有编辑那么多的时间，他们只能看一句话推荐，有兴趣之后，才会去看更多的内容。

内容简介

300～600字左右的简单介绍，可以让编辑在三分钟之内看完。

这个部分可以比一句话推荐更详细一些，大概就是300～600字，写出故事的题材、主线、人物和亮点即可。

故事大纲

这部分才是重点，字数从2000～20 000字不等，需要体现出故事的“起承转合”，故事的矛盾冲突、主角和配角、主线和支线、高潮和结局都应该全面体现。

作者需要把故事的矛盾冲突展现出来。展现故事的内核，也是作者突出个人文字素养、人生阅历和逻辑架构能力的时刻。请务必重视。

作品卖点

在作品卖点中，作者需要描述自己的风格和特色以及作品亮点和市场定位。因为现在很多小说到了出版社后，出版社一般考虑的都是作品的出版和影视改编双版权，因此，写好作品卖点对影视改编的版权推广有着非常重要的意义。

风格、特色、亮点、市场是作者自己对作品的定位和分析，一定要做足功课，该自夸时就不要客气和谦虚了。

人物介绍

例如，叶文洁，21岁，天体物理学专家，著名天体教授的女儿，经历了父亲被批斗致死以后，身心饱受摧残和折磨，对人类失去了最后的希望。

人物介绍最重要的是把人物的主要特征和性格写出来。一个性格独特、设定讨喜的人设会为作品增色许多。

要把主要的角色、配角、反面角色都一一设定出来，让编辑一目了然地看到把这些人放在一起，会产生怎样激烈的碰撞和冲突。

正文或样章

接下来是最重要的正文和样章，这部分可以体现作者的文笔、逻辑和故事架构能力，也请务必认真对待。

正文就是从开头往后 3 万～5 万字。样章指的是你个人最喜欢的、感觉最出彩的一段。一般而言，故事类作品的编辑都要看正文，一般是从开头往后 3 万字。编辑要看故事的开头有没有吸引力，作者的笔力和讲故事的能力如何，以此来判断作者的写作实力。如果是工具书或者其他类型的作品，只需要最精彩的样章就可以了。

按照以上的框架逐个把这些项目填写完整，基本上就是一个完整的、合格的、可以交给编辑看的实体小说的大纲简介了。通常情况下，编辑要看的就是这些，如果有其他特殊的要求，编辑也会跟作者进行沟通协商。

相对而言，网络小说的大纲和简介在内容上要更简洁一些。除了作品的基本信息外，网站更看重的是作者的更新速度和频率，还有作者的历史成绩。

当然，和实体小说不同的是，网络小说的大纲最好突出三个部分：金手指（指主角的特殊能力）、爽点以及等级划分和大框架。

因为网文动辄百万字以上，如果爽点不够密集、更新不够快，就很难在网文大军中生存下来。所以，当你写故事大纲时，一定要着重体现主角的金手指的独特性和爽点的制造。

我们后面还会详细讲解网文的投稿标准，在此不再赘述。

写实体小说的故事大纲就像去公司应聘，你需要在各个细节上面做足功课。在经得起推敲的同时，你要展现自己对故事的驾驭能力，要把自己故事中的独特性、爽点一一亮出来，不要吝啬。这些对应的就是故事大纲中的金手指、爽点、扮猪吃老虎等各种桥段，你只有快速将这些家底亮出来，才能打动挑剔的编辑。

故事大纲的写作方法

写故事大纲有中西两种写法，你可以根据自己的喜好自由选择。

中国的作者一贯讲究“起承转合”，即开头、运行、转折、结尾，如图 4–1 所示。而西方从话剧起源到现在，创作者一直惯用三幕剧的创作结构。所谓的三幕剧结构，简单总结就是六个字：触发、冲突、解决。

无论哪一种故事结构，都无法脱离基础的故事结构理念。接下来，我们分别来看一下以上两种结构的创作理念，你可以选择一个你最喜欢的方式进行创作。

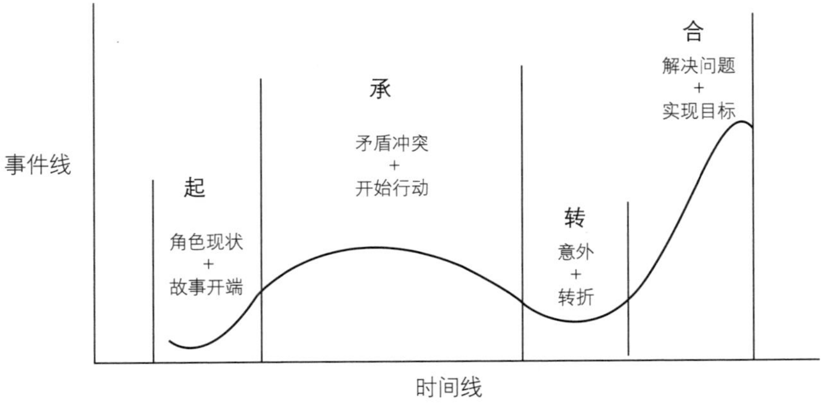

图 4–1　中国传统的起承转合故事写作法

既然是中式写法，我们以一个中国的传统故事“白娘子永镇雷峰塔”作为案例来分析“起承转合”的运用。

起：

南宋绍兴年间，杭州有一个药铺主管名叫许仙，一日祭祖回来，在雨中渡船上遇到白娘子。经过了借伞还伞后，白娘子要与许仙结为夫妇。

承：

白娘子让丫鬟小青赠银十两给许仙作为礼物，殊不知此银为官府库银。被发现后，许仙被发配苏州，在苏州与白娘子相遇而结婚。后又因白娘子私盗官银，许仙再次被牵连，并被发配至镇江，许白两人又于镇江相遇复合。

转：

法海识出白娘子是蛇精，告知许仙真相。许仙得知白娘子为蛇精后惊恐万分，要法海收他做徒弟，并在法海的帮助下收压了蛇精和青鱼精（丫鬟小青）。

合：

许仙化缘盖雷峰塔，修禅数十年后，留警世之言，一夕坐化去了。

从以上内容我们可以看出，在“起”的部分，时间、地点、人物已经被交代清楚，并且主角开始了行动。

接下来，故事以许仙和白娘子为核心展开，讲述许仙和白娘子在一起之后的故事，以及有什么样的冲突。故事自然地转向了矛盾的高潮，这是“承”的部分。

在白娘子的行为不断地累及丈夫许仙的过程中，和尚法海认出白娘子是蛇精，并告诉了许仙。许仙经过激烈的思想斗争，成为法海的徒弟，在他的帮助下收服了蛇精。这是故事中的转折点，也是改变许仙悲惨命运的重要拐点，是故事中的“转”折部分。

后来，许仙化缘修建了雷峰塔，最终坐化成仙。这就是完成了故事结局的“合”的部分。

这种叙述方式的优点在于简单易懂，层层递进。在教育成本较高、民众文化水平普遍不高、文本匮乏的年代，这种故事结构更适合口口相传。

以此为依据，我们反向推导就会发现，很多传统文学都沿用了这一技法，如《西游记》等脍炙人口的名著。只不过由于《西游记》篇幅太长，整体来看，师徒四人经历的九九八十一难都可以被视作“起承转合”中“承”的部分。在很多章回小说中，每个单独的章节也都体现了“起承转合”的模式。

中国的传统故事大部分都是以正叙的方式展开的，因此我们可以看到很多传统故事或者说书人都是一开始就先交代时间、地点、人物这三大重要元素。例如，“嘉庆年间，南京水碾胡同住着一户姓宋的人家，户主是一位衙门的师爷……”简单一句话，把故事发生的时间和地点、人物的职业介绍得清清楚楚，有助于把人们代入到故事当中。

这种传统的叙述方式在中国的民间故事、评书、相声、弹词等各类艺术形式中应用极为广泛。民间小调《探清水河》就很好地体现了这种故事叙述手法。

> 桃叶那尖上尖，柳叶就遮满了天。
> 在其位的明呀公，细听我来言。
> 此事出在了京西蓝靛厂，蓝靛厂的火器营有一个宋老三。
> 提起了宋老三，两口子卖大烟，一辈子无有儿，生了个女婵娟。
> 小妞年长一十六，起了个乳名叫大莲……

三幕剧的结构

三幕剧的结构

	事件发生	人物弧光	登场人物
第一幕	主角的目标	主角的起始状态	
	故事基调	设置他的渴望	
	悬念设置	意外发生	
第二幕	设置阻力	层层递进	
	行动开始	阻力逐渐加强	
	意外出现	意外发生	
第三幕	转折来临	主角心理状态	
	大高潮	主题升华	
	收尾落幕	人物弧光变化	

以韩国电影《恶人传》为例。

第一幕：

在城市繁华的夜景中，出现了一个无理由杀人凶手。他惯用汽车追尾的方式让受害者下车，然后残忍地将其杀害。

两个主角分别出现，一个是充满正义感却蔑视规则的警察，一个是做事杀伐决断却又注重秩序的黑帮老大。

两个职业互为天敌的主角设置，预示着一定有好看的故事发生。

第二幕：

凶手连续杀人，无意中捅伤了黑帮老大。老大被捅伤之后，江湖地位岌岌可危。而警察则想通过黑帮老大获取线索。

两个人都强烈渴望抓住凶手，于是一个警察和一个黑帮老大组成了一个共同抓凶的奇怪组合。

两个本来敌对的人组合在一起，一定会产生很多冲突。这就是精彩的行动部分。

两个人从互不信任发展到相互理解。在此过程中，两人不同的行事风格和性格相互激烈交锋，互相纠缠着把故事推向了高潮。

第三幕：

两个人的追凶过程一度陷入了僵局。最后，一个善良女孩的死，激发了两派势力最强烈的斗志。双方在互相协助下，终于抓到了凶手。

此时，意外发生了（高潮前的意外非常重要），狡猾的凶手抹去了证据，导致杀人如麻的凶手无法被判刑，唯一的人证就是活着的黑帮老大。

在警察的劝说下，黑帮老大最后只好出庭作证，用暴露自己罪行的方式将凶手拖入了牢狱中。

这部韩国电影是完全按照好莱坞商业电影的模式打造的，从开头的序幕到人物的塑造，再到中间的各种冲突设置、高潮前的意外和让人拍手称快的结局，都极具好莱坞电影的风格。

三幕剧的创作顺序

第一幕：

1. 出现了反面人物或是紧急事件，如同一颗定时炸弹让读者的心悬了起来。

2. 出现主角，展现他的初始状态和他的渴望（人物的渴望可以是具体的东西，如金钱、爱人，也可以是虚拟的东西，如名利、尊重、失去的自信等）。

3. 触发联系，显示主角如何与反面人物或紧急事件联系在一起，并且必须行动。

例如：

歹徒在一间工厂放置了炸弹，情况非常紧急（紧急事件）。

主人公正在河边悠闲地钓鱼。他曾是拆弹专家，但在一次意外中失去了队友，因此内疚辞职。

公安部门请他当拆弹顾问，但他拒绝了，对队友牺牲的内疚让他封闭了自我（主角初始状态）。

那位牺牲了的队友的母亲打电话来说，队友的儿子就在那个工厂中被抓去当了人质，求他搭救（联系在一起，必须行动）。

第二幕：

主人公开始行动，阻碍逐步升级。困难一个接一个，解决一个又会再来一个。最后一次助推，意外出现，转折点出现。

第三幕：

开始收尾，设置高潮前的小意外。

拆弹专家能否克服自己内心的魔障，顺利把炸弹拆除？

在危急时刻，他是否想起了曾经牺牲的战友？

此时，主角的心理状态发生了什么样的变化？

小结

1. 故事大纲是作者搭建故事的框架结构，除了能让作家顺利创作，更有打动编辑的作用。建议新手作者花时间研究一下，并写出完整的故事大纲。
2. 从功能上讲，故事大纲分为两种：给自己看的和给编辑看的。

3. 从分类上讲，故事大纲也分为两种：实体小说的故事大纲和网络小说的大纲。
4. 从写法上讲，故事大纲同样分为两种：中式写法和西式写法。

中式写法的核心要素是“起承转合”，适合平铺直叙、娓娓道来的讲述；而西方创作者普遍采用的三幕剧写法则更看重在开头先制造紧张氛围，以吸引读者或观众注意力。两种写法各有优势，作者应根据自己创作的类型和题材，选择更适合自己的故事大纲创作方式。

05 靠开头吸引读者：巧妙利用意外事件

在我们开始聊故事的开头有多重要之前，我们需要知道为什么故事的开头很重要。无论你从事哪种类型的故事创作，如小说、编剧、网文、游戏文案、短视频文案等，大概都听到过一句话：如果你的故事开头不吸引人，那这个故事就废了。

在网文行业里，甚至有人提出了著名的“黄金三章”理论，意思是说前三章就像黄金一样珍贵，必须要好好珍惜才行。

短视频和编剧行业对于开头的要求则更苛刻。前几年，短视频行业就出现了“五秒理论”，意思是必须在前五秒内抓住观众的心，不然观众就会把短视频关掉或者划走。当我写到这里，向短视频行业的朋友求证时，他无奈地告诉我，曾经的“五秒理论”已经过时了，现在流行的是“三秒理论”，即要在三秒钟之内把观众留住。

我相信大部分内容创作领域都或多或少面临着类似的情况，甚至就连流行歌曲也一样。现在很多人听歌喜欢直接跳到副歌部分，也就是一首歌最好听的高潮部分。这是因为时代发生了变化，人们的选择面太宽、选择成本很低，同时又极度缺乏注意力。

一个现代人在休闲时间里可以有很多种选择，如刷视频、玩游戏、看电视、看电影、逛街、吃饭、聚会、郊游，当然还可以读书。你会发现，实际上，是这么多可选择的活动在争夺一个人的注意力和时间。

游戏开发者希望你能玩游戏玩得越久越好；电影、电视节目和短视频创作者希望你能看完他的作品，并且分享给你的朋友；而商家则想尽一切办法，想让你到它的线下商场逛一逛，如果不行，逛线上商场也行。

对作者而言，他们既需要和很多行业的从业者竞争，又需要让用户或者读者注意到他们的作品，并为读者创造一种阅读沉浸感。

故事作品的开头部分必须像一只八爪鱼，可以使用每一条触手、利用好触手上的每一个吸盘，牢牢吸住读者，把他们带入故事当中，随着故事中的角色去感受一段或扣人心弦，或波澜壮阔，或荡气回肠，或轻松搞笑的经历。

总而言之，作品的开头至关重要，它决定着一个故事能否被编辑通过，能否顺利出版，能否打动读者，让读者愿意掏钱购买，以及能否让作者扬名立万。可以说，故事的开头几乎决定了一部作品的生死。

因此，我们要在开头付出两倍的心血，务必要完成一个几乎无懈可击的故事开头。一个合格的故事开头，一个能让编辑继续读下去的开头到底是什么样的呢？我认为，它至少要达成以下几个目标：

1. 让读者感到意外；

2. 让读者爱上角色；

3. 让故事基调明确；

4. 让冲突开始凸显。

接下来，我们来详解一下具体的操作。

让读者感到意外

有一次，我去参加一个跨行业交流会，来自小说、动画、影视、游戏、漫画等行业的内容创作者讨论了这样一个问题：人们为什么要看小说、漫画、电影、电视剧或者玩游戏？其中一位来自好莱坞的中国籍编剧说了一段话，我非常认同。

> 人们喜欢看电视、电影、动画或者玩游戏，本质上人们都是在阅读故事，只是载体和形式不同而已。人们的目的就是寻求高于普通生活的精神体验。
>
> 因为大部分人的生活都是平凡的、重复的，甚至是枯燥的，所以人们希望成为别人，成为另一种相貌的、另一种性格的、另一种职业的，甚至另一个世界的人，去经历不平凡的人生。虚构的故事恰好能够为人们制造一场高于生活的幻觉体验。

因此，读者想要的绝不会是他们每天都在经历的柴米油盐等生活琐事，他们想要的是意外的、变化的、突如其来的、匪夷所思的，甚至是疯狂和荒谬的事情。了解故事创作的底层逻辑有助于我们在创作的时候有意识地制造意外和变化，用生活之外的东西去抓住读者的心。

如何让读者尽早感到意外？我们可以参考以下四种方法。

打破常规

例如，一篇小说的开头是以一对夫妻在门口告别开始的，丈夫吻了吻妻子，然后转身上了公交车去上班。

这样的场景是我们比较熟悉的，如果用来做故事的开头，无疑太过平庸。前面我们说过，要在平凡的生活中创造意外，打破平庸。

> 丈夫吻了吻妻子，依依不舍地一边挥手一边后退，紧接着，妻子脸上的表情突然变得惊恐万分，她眼睁睁地看着一辆公交车将丈夫撞飞了。

打破常规，可以理解为打破常规的生活，打破常规的认知，打破常规的环境。让我们看一下那些名家是如何在故事的开头创造意外的。

加缪在《局外人》的开头这样写道：

> 今天，妈妈死了。也许是昨天，我不知道。我收到养老院发来的电报："母死。明日葬。专此通知。"这说明不了什么。可能是昨天死的。

用平静甚至冷漠的语调诉说着母亲的死，这种意外事件加上非常规的反应，可以让读者瞬间对故事和人物产生兴趣。为什么母亲死了，这个人却无动于衷？他们之间发生了什么故事？他是一个饱受母亲虐待、从小缺乏母爱的人，还是一个天生凉薄的不孝子？

开头的一句透露了太多的可能性，而没有一种猜测是常规的、平凡的。

海明威在《老人与海》的开头这样写道：

他是个独自在湾流中一条小船上钓鱼的老人，至今已过去了 84 天，一条鱼也没逮住。

渔夫在河流上漂泊了两个多月，竟然没有抓到鱼？他不是另有图谋，就是危险将至。用反常识的方法能呈现出一种脱离常规生活的感觉，读者对这种东西天生毫无抵抗力，一定会顺着文字继续看下去，想知道原因和自己的猜想是否一致。于是，作者与读者之间的一场博弈就开始了。

当然，故事开头未必一定要发生重大的事故，如地震、爆炸、杀人……但常规的生活一定要被打乱。凌晨突然响起的电话、报纸上一则意外的消息、惊慌失措的同事突然讲出的秘密、丈夫身上突然掉落的病历单，等等，这一切都是打破常规生活，开始一个故事的好楔子。

利用时间

时间是一个神奇的东西。人们总是对已经消失了的人和事有一种说不清道不明的兴趣，也总是对未来还没有发生的事情充满希望和焦虑，这也是我们利用人性抓住读者注意力的方法。

例如，斯蒂芬·金在《它》中写道：

这份恐惧要持续 28 年，甚至永远无法消去。就我所知，一切都源于一艘报纸做的小船，沿着涨满暴雨的水沟向前漂去。

莫言在《檀香刑》中写道：

> 那天早晨，俺公爹赵甲做梦也想不到再过七天他就要死在俺的手里；死得胜过一条忠于职守的老狗。俺也想不到，一个女流之辈俺竟然能够手持利刃杀了自己的公爹。

一种是对过去事件进行回溯，一种是对未来事件进行预判。这种看似漫不经心的絮叨，实则蕴含着激流暗涌的力量，它能够立刻告诉读者，接下来的故事绝对非常精彩。

对话冲突

例如：

> “地方找好了吗？”
>
> “什、什么地方？”
>
> “当然是处理尸体的地方！不能再等了！”
>
> “人是你杀的，凭什么让我善后？”
>
> “你这没良心的东西，老子杀人是为了谁？”郑文忠“啪”的一声把杯子摔到了地上，溅了一地鲜红的枸杞，让他想起了飞溅在墙上的碎肉。

紧凑而交叉的对话，一方面能够推进故事情节的进展，更能制造出紧张的人物冲突，让开头充满影视剧般的张力和画面感。

利用对话开头，不仅能马上创造出人与人之间的矛盾冲突，更能用支离破碎的对话透露故事的一部分内容，就像在读者面前把马戏团表演幕布掀开了一条缝隙，让人欲罢不能。

荒谬魔幻

卡夫卡在《变形记》中写道：

> 一天早晨，格里高尔·萨姆沙从不安的睡梦中醒来，发现自己躺在床上变成了一只巨大的甲虫。

奥尔罕·帕慕克在《我的名字叫红》中写道：

> 如今我已是一个死人，成了一具躺在井底的死尸。尽管我已经死了很久，心脏也早已停止了跳动，但除了那个卑鄙的凶手之外没有人知道我发生了什么事。

无论是人变成了甲虫，还是以尸体的角度开始自述，作者无疑在开头就营造出了一种荒谬而魔幻的小说氛围，不仅紧扣心弦还快速直接地奠定了整本小说的行文基调。

让读者爱上角色

在做编辑工作的时候，我发现很多新手作者在故事编排上极具天赋，但对角色的塑造却力不从心，导致写出来的故事非常精彩，但人物角色如同被生生塞进去的，与故事整体显得格格不入。

这种角色和故事不融合的现象，会大大降低读者阅读时的代入感，容易“出戏”。这就好比把一个好剧本交给了一群拙劣的演员，后果可想而知。

读者在阅读故事开头部分的时候，一个讨喜的角色，一个生动的人物都会是他继续读下去的好理由，因此，我们在人物塑造上同样不能偷懒。只有我们的角色和读者产生了情感上的联结，读者才愿意相信我们后面的故事会更精彩。

如何才能让读者和主角之间建立起情感联结呢？我们需要掌握以下四种人类的基本情绪。

认同

这是能够和读者建立情感联结最基础的做法。

主角必须像一个正常人，他遇到困难会想逃避，遇到危险会害怕，他要有一个正常人的反应。在读者眼中，他必须跟真人一样。读者就会下意识地认为：嗯，对，他这个反应很正常。我们可以参照自己或者身边的人，看看正常人是什么样子的，最显著的特征是什么。

- 渴望成功；
- 有时胆小懦弱；
- 有很多缺点。

在电影《我不是药神》中，主角程勇就是这样一个活生生的角色。他生活落魄，婚姻失败。遇到父亲急需用钱，他会想尽办法，铤而走险；遇到利益，他会心动，甚至不惜违法；遇到舞女受到欺辱，他也会挺身而出。

这是一个真实的角色，他做的所有反应都没有违背人性，所以一开始观众就接受了他。

同情

恻隐之心也是人性中共同拥有的部分。它能唤起读者的同情，也是另一个快速和主角建立情感联结的好办法。

在名著《悲惨世界》中，冉阿让仅仅为了一个面包就遭遇了多年的囚禁和苦役，这种悲惨遭遇一开始就让无数读者为之扼腕叹息。当他逃出来之后，读者们无不希望他能够过上安稳的日子。

可惜的是，接连出现的各种意外让他陷入了种种困境中，读者也跟着这位悲惨的老人一同经历着跌宕起伏的悲惨人生，一同见证了那个特殊年代生活在水深火热中的芸芸众生。

作者可以采用以下方式让读者对主角产生同情之心。

- 给主角制造危机，让他深陷危险中，他马上就会变成一个值得同情的人。
- 给主角制造困难，这个困难只要不是主角自找的，读者就会同情他。简单来讲，这个危机需要来自外部，而不是主角自找的。
- 弱小的主角容易唤起读者的同情和保护欲。

恐怖片中之所以总是有女性角色，是因为柔弱的女性和恐怖的对手会形成强烈的反差，让人同情，让人紧张。

喜爱

人们除了本能地同情弱者以外，更喜欢有魅力的角色。什么样的人特别容易得到读者的青睐呢？

一种是拥有美貌帅气外貌的人。爱美之心，人皆有之。即使是在小说中，读者依然很在意主角的长相。《乱世佳人》中美丽聪明的斯嘉丽小姐，《寻秦记》中帅气的项少龙，都在一开始就用美貌和帅气获得了主角光环。

另一种是拥有独特性格魅力的人。例如，《西游记》中敢于追求自由、跟天庭作战的美猴王，《肖申克的救赎》中被困监狱却从不放弃希望的安迪。与众不同的人格魅力能够让读者快速识别出主角的独特品质，并对他产生好感。

让故事的基调明确

在开头部分，除了需要引入意外事件和讨喜的角色，还需要展现出整个故事的基调。我们需要让读者知道故事的背景，即我们的主角生活在一个什么样的世界里，过着一种怎样的生活。

《北京折叠》中，城市是分成几个层次的，是按照时间进行分类和折叠的。这个设定一出现，读者立即就会明白，这是一个科幻故事。

《诛仙》中，作者开头对青云门的描写让我们立即回到了远古的修仙时期，我们知道这是一个玄幻故事。

《都挺好》中，作者对一家人关系的叙述，让我们立即能够知道，这是一个都市家庭类的故事。

当然，我们最好不要直接说："你好，这是一个关于第一次世界大战后发生在英国乡下的故事。"我们需要在主角出场前后，用环境、主角的动作、人物的穿着和对话等各种方式展现我们的故事基调和设定。例如：

> 兰青走出文工团的大礼堂，转身看着大门口上方悬挂着的伟人头像，深深地叹了口气。
>
> 远处工厂的烟囱里冒着滚滚黄烟，身边的自行车和行人来回穿梭着，清脆的铃声和礼堂里嘹亮的歌声相互映衬着。

她紧紧捏着身上的军绿色挎包的带子，直到手指关节发青。猛然，她转过头，熟练地把围巾裹紧，在春寒料峭中渐行渐远。

我们在描写主角的时候，通过一些关键词，如大礼堂、伟人头像、自行车、军绿挎包，能让读者很快意识到，这是关于新中国成立不久之后，一个文工团女孩的故事。这样，小说的基调就确定了，这也奠定了小说的基础风格。

让故事的冲突凸显

我们要确保自己已经完成了以下三个任务：

- 扰乱了主角平静的生活；
- 引入了一个让人喜爱的主角；
- 清晰地展示了故事的背景和基调。

在圆满完成以上三个任务之后，整个故事的飞轮就吱吱扭扭地转动了起来。这时候，我们需要再猛加一把力，让反派出场，他会让故事的飞轮转动得更快一些。

在适当的时候加入主角的对手，这会让主角有事可做。一个好的反派，会想尽办法逼着主角行动起来，带动故事的节奏。塑造反派时，我们要记住以下两点：

- 他最好比主角更强大；
- 他也是有血有肉的，甚至能够激发读者的同情心。

每个人，无论做什么事，都会有令自己相信的理由，而且这个理由是能够自洽的，在自己的世界里是坚不可摧的。反派同样如此。例如，一个疯狂的科学家发明了一种病毒，能让地球上的人口锐减50%，一次性杀死地球上一半的人口对整个人类而言是疯狂、残忍的；但对这个全球公敌般的反派而言，他的理由是减少人类数量是为了拯救地球。他有着自认为更崇高的理由。

一旦反派拥有了能够自圆其说的内在理由，他所做的事情就都有了推动力。他不再是单纯的坏人，或者是单纯为了阻挠主角而存在的纸片人，而是拥有了更复杂的人性。

好的反派同样能够为故事增色不少，并且能让作品更有深度。

小结

1. 由于注意力已经成为这个时代的稀缺商品，因此小说的开头需要尽快抓住读者的心。
2. 开头部分需要完成四大任务：
    - 让读者感到意外；
    - 让读者爱上角色；
    - 让故事基调明确；
    - 让冲突开始凸显。
3. 开头非常珍贵，吸引读者只有一次机会，切勿乱用笔墨或故意炫耀文采。
4. 我们可以做以下练习：
    - 审视你曾经写过的作品开头，看看你用了哪些技巧；
    - 按照本文的方法尝试写出一个崭新的开头。

06 靠角色吸引读者：利用人性的弱点

在故事的开头部分，作者最重要的任务是：让读者带着兴趣读下去。

除了利用我们之前提到过的“好奇心法则”在开头制造一些意外事件吸引读者以外，我们还可以好好利用“同情心”和“爱慕心”这两种人类共有的情感，让读者能快速代入我们的故事情节当中。

试想一下，在故事的开头部分，读者对故事里的世界和故事走向都还不清楚的情况下，他唯一能够跟随的就只有角色，尤其是主角。

在这个未知的世界里，我们要尽快让读者认同和喜欢上我们的主角，与主角产生情感上的联结。读者只有和主角产生共情，才会被它吸引，从而代入主角的身份和感受，一起在故事中走下去。

那么问题来了：怎样才能让读者认同和喜欢上我们的主角呢？

一代又一代的作者们苦苦追寻，最后他们发现人性中有两种底层情感。只要触及这两种情感，很快就能和读者产生共情，也就是作者们渴望的“代入感”。这两种情感分别是同情和爱慕，它们如同两把金钥匙，如果使用得当，你瞬间就能够打开读者的心门，让他们快速和故事建立情感联结。

如何让读者产生同情心

同情是人类在处境、物质、阶层不对等的情况下产生的情感。例如：

> 一位 80 多岁的老菜农不小心剐蹭了一位劳斯莱斯车主的新车。这时候，围观的人们大概率都会非常同情这位老菜农，因为高昂的维修费用可能会让贫穷的老菜农背上巨额的债务；而同样的维修费用，人们会认为这对劳斯莱斯车主而言，应该是小菜一碟。

一方面，人们往往只会同情比他们更惨的人。因此，围观群众一点也不关心那位在事故中损失更惨重的劳斯莱斯车主。

大部分人都会更关心处于困境中的人，关心他们面对困境会做出什么样的反应和举动，以及他们如何通过自己的行为改变目前的状况。

另一方面，我们天生会对弱者产生怜悯之心，这种怜悯之心会让读者产生很强的代入感。很多作家会利用人类的这种共通性，通过情节或身份的设置，让读者在开篇就对主角产生浓厚的兴趣，关心他的命运。

不仅是小说，很多影视和动漫作品也使用了类似的心理机制，所以造成很多主角一开始就父母双亡、家破人亡甚至背负着血海深仇。

当读者看到书中或者剧中的人物在困境中苦苦挣扎时，会产生一种强烈的求生欲，继而开始设想怎样才能帮主角解决这些摆在其面前的难题，很快就能够把自己代入角色的处境中。

通常，**悲惨的身世、底层的身份、强大的敌人、恶劣的自然环境等元素都能使读者对角色产生同情心**。很多代入感强的小说，主角一般都有着悲惨的身世，是被压迫和羞辱的对象。要么是从神坛跌落的无用之人，要么是起点很低的社会底层人物，要么是显赫世家里一个默默无闻、不被关注的小角色。

总之，主角刚开始时最好不要站在人生的巅峰已经拥有了一切，如果他没有了奋斗的动力，读者对他的期待感自然就会下降。如果主角一开始太过完美和富有，读者就会产生距离感，再将他们代入角色，难度自然可想而知。

要知道，人们对故事的理解是有一定规则的，即便对于神级人物，故事也会为他们的成神之路设置种种磨难和危险。

在创作故事的过程中，作者要学会做“虐待狂”，如让主角失去家人、被朋友背叛、财富缩水或者遭遇强敌，甚至生命受到了威胁。

在很多小说或者电视剧里，主角一开始都是非常弱小且孤立无援的。就像很多宫斗剧，一开始女主角总是一堆后宫佳丽中最不起眼，甚至是饱受排挤和欺负的那一个。这样一来，几乎所有观众都会和“她”站在一起，同情她、期待她能走出困境，一步一步登顶后宫。

我们还可以通过塑造强大的敌人，通过敌人对主角的步步紧逼，让读者脑补一个可怕的后果，达成共情的目的。

另外，能够让主角变得更惨的就只有命运和大自然了。你可以用悲惨的命运，如父母双亡、身负血海深仇，来塑造主角的出身。你也可以用大自然的力量，如大雪、洪水、雪崩、暴风雨、雷电去阻挠主角的行动。当然，你还可以用社会制度的力量，如来自统治阶级的追杀和迫害，让主角经历磨难。当然，也不要一股脑儿全部用上，那样反而显得不真实，读者会想“哪里会有这么倒霉的人啊”。

根据故事的背景情况，在以上元素中进行选择并搭配使用的效果更好。例如：

> 他是一个年轻帅气的警官，不仅身手好，破案能力一流，而且家庭幸福，前途一片大好。
>
> 就在这时，上司委派给他一个极其艰巨的任务——从一个小混混嘴里问出富豪被绑架的消息，24 小时内破案。
>
> 在上司非正义的高压之下，他和几名同事不小心打死了这名混混。在对他的审判过程中，上司放弃了他们，被救的富豪也袖手旁观，就连他最好的朋友也作为对方的证人指认了他们滥用私刑。
>
> 他和同事们入狱了，监狱里等待他们的是昔日被自己抓进去的囚犯们。
>
> 出狱之后，他前途尽毁，未婚妻弃他而去，他几乎失去了自己珍视的一切……

这是电影《怒火重案》中的主角遭遇的一切。诸多不幸和困境叠加在他的身上，也让这个角色获得了无数观众的理解和怜悯，他的命运也不出意外地受到了观众的关心。他最终选择了报复时，读者会认为他的铤而走险是受到了极度不公平的对待后，万般无奈的选择，他们对这个反派恨不起来，甚至非常同情他。

如何让读者对角色产生爱慕心

这里的“爱慕”是喜爱和羡慕的叠加状态，指的是读者对角色产生了一种“想要成为那样的人”的冲动情感。

如果角色能够散发出让读者“爱慕”的魅力，读者就会成为他的粉丝，牢牢地被角色吸引，甚至在心理上产生崇拜感，如同化身为追逐偶像的粉丝一样疯狂。

《越狱》中的迈克尔、《泰坦尼克号》中的杰克、《绝代双骄》中的小鱼儿、《火影忍者》中的漩涡鸣人，都是拥有众多粉丝的成功角色。当然，成功的角色远远不止这些，我举的这些例子涵盖了电视剧、电影、武侠小说和动漫作品等，我想说明的是，无论故事是什么题材、呈现载体是什么，故事中塑造角色的原理都是相同的。

一般情况下，我们可以采用抬高角色定位的方法，使读者对我们的角色产生好感，甚至是产生爱慕之情。也就是说，我们的角色，尤其是主角，要在某个特定的领域有着突出的特长，有着高于一般人的手段和能力才行。

《鹿鼎记》中的韦小宝在讨女孩欢心方面的能力可以说已经登峰造极了。

《琅琊榜》里的梅长苏谋略技能已经满点，运筹帷幄能力过人。

《天龙八部》里，看似憨厚笨拙的虚竹和尚却拥有逆天的幸运指数。

当然，很多网络小说对角色的刻画喜欢低开高走，如刚开始男主角常常处境窘迫，随后便遇良师、得奇宝一路开挂。虽然主角身处困境中，但往往具有一般人无法拥有的特质，如超高的悟性或天赋、不屈不挠的顽强性格。让主角拥有无与伦比的好运气也是一种抬高角色定位的好方法。很多角色总是会无意中获得奇怪的宝贝，不是增加功力的奇花异果，就是毁天灭地的武器装备，再不就是遇上了隐世不出的绝顶高手或运气爆棚。

抬高角色定位不局限于角色的某个特长，比如，高贵的出身、巨额的财富、强壮的体魄、超高的智商、漂亮的外貌、爆表的运气，等等。所有能够超出常人的设定都可以起到抬高角色定位的作用，让读者对这个角色刮目相看。

当然，也不是把所有的优势都叠加在一个角色上，让他变得尽善尽美才好；相反，如果一个角色的设定太过完美，则会让读者产生不真实、不信任、不喜欢的反向情绪。其实，正确的做法是，创作角色的时候，相比普通人，只需要给主角“增加 10%”的能力就可以了。

“他”可以依然和普通人一样，拥有普通人大部分缺点和性格，但只需要有一两个超级优势，他就可以创造出一个平易近人、触手可及的偶像级角色了。

《我不是药神》的陈勇就是良心“增加 10%”的普通药贩子。

《喜剧之王》里的尹天仇就是努力“增加 10%”的龙套演员。

《甄嬛传》里的甄嬛就是智慧“增加 10%”的普通女孩。

好像我们再努力一点，再聪明一点，再漂亮一点，就会成为这样的人。很多演员，如周润发、刘德华、周星驰之所以受到万千粉丝的喜爱，就是因为他们无论在影视作品中还是在现实生活里，活得都更像一个“增加 10%”的普通人。

我们知道，把一个普通的角色适当拔高，创造出属于他自己的优势和特长，能让读者对他产生适当的好感。但在故事创作中，获得读者好感的方式肯定不止一种，关于如何创造魅力超群的角色这个话题，我们也会在后续的章节中专门进行阐述。

小结

如何利用人的共性增加读者对角色的代入感？

1. 让角色“下沉”，利用身世、环境、社会地位的劣势获取读者同情。
2. 让角色“上升”，赋予角色超出常人的智慧、相貌、运气等来获取读者的爱慕。

07 写故事开头需要避开的大坑

乱用笔墨

故事的开头非常珍贵，千万不要乱写，最好以动作场景开头，尽量减少描述场景。受传统文学或学生时代课文的影响，很多新手作者在开头特别喜欢描写景色和场景。尽管很多世界名著都是从景色描写开始的，但我强烈建议你不要这么做。

今日不同往日，我们的故事需要与短视频、游戏、电视剧、综艺节目争夺用户的注意力，而且在形式上本身不占优势。因此，千万不要用开头的景色来劝退读者，故事的发动机不需要华丽的辞藻和优美的景色进行预热，直接开始你的表演吧！以下是两个反面例子。

反面例子 1： 郑金阳是一名机械工程师，他从河南工业大学毕业后在徐州工业园实习了一年。之后，他留在了这个重工业城市。他时常看着巨大的机械怪兽被自己带领的团队制造出来，心里由衷地感到骄傲。他非常享受自己的工作，一直到娶妻生子。

理由：太过平铺直叙，没有意外发生。

反面例子 2：今晚月朗星稀，大凉山的夜空如同一块昂贵奢侈的天鹅绒布料，上面点缀着明亮的繁星。远处群山莽莽，黑暗中起伏的山峦如同亘古不变的大地上趴卧的巨兽，发出安静的、悠长的喘息声。

理由：太过文艺，不适用于现代商业故事的行文逻辑。

缺乏冲突

“文似看山不喜平”，这是从小语文老师教给我们的金科玉律，现在依旧值得强调。故事需要冲突，人物需要受到威胁，故事中最吸引人的部分无非人性的艰难抉择、饱满的感情爆发、曲折离奇的故事情节。这一切必须要有阻碍、有威胁、有冲突。

黄河从高原奔流而下，正是遇到了各种阻碍才形成了迷人的弯道，成为百转千回的母亲河。因此，不要把小说写成散文，不要让主角太过安逸。在你的故事里，尽管加入那些性格截然不同的人、出乎意料的巧合、引人犯罪的诱惑，让它们酝酿、发酵，然后爆发，让读者随着故事情节的跌宕起伏，坐一次让他们尖叫的过山车吧。

视角混乱

这种问题时常发生在以第一人称为视角的创作当中。由于以第一人称进行创作较为简单，代入感很强，因此很多创作者刚开始都比较倾向于采用第一人称“我”来进行故事创作。

需要注意的是，第一人称创作最大的缺点就是视角的局限性。以“我”为第一视角的创作，要时刻注意故事是从“我”的视角看的，以我看到的或者听到的情节为故事主线，不能够突然出现“我”原本看不到的视角。例如：

> 尽管早已经有了心理准备，但当我听到教练突然宣布了让我离队的决定时，我还是觉得非常愤怒。站在队伍中，我的脸色变得阴晴不定。

上述例子中就明显出现了视觉错误，也就是说，以“我”为第一人称创作的时候，“我”实际上是看不到自己的脸色的。可以改用为“我”因为愤怒感觉自己的脸立即开始充血而变得滚烫。虽然“我”的脸色自己看不到，但“滚烫的感觉”是可以清晰地体会到的。

使用第一视角时，你不能直接描述任何你看不到的东西，只能通过“听别人说”或者“看电视”的方式去转述那些你无法直接看到或者听到的内容。因此，新手创作者应该多尝试几种不同的视角进行创作，找出自己最顺手的，不必非要局限于某个视角。

第二部分

如何写出跌宕起伏的故事中段

08 让故事中的角色活起来

故事的创作过程实际上就是作者以一己之力创造出一个虚拟的世界，而这个世界中的各种角色需要承担起串联故事情节的重任。如同演员，需要用自己的演技让读者相信角色是真实的，是充满真情实感的，这样才能够引领读者沉浸在故事中，去感受作者精心营造和布局的故事。

既然角色如同演员，自然就有演技好坏的区别。角色的塑造如果不到位或者没有真实感，就相当于一个演技拙劣的演员，有时候会毁掉整个故事的阅读感受。

一个成功的角色，无论是主角还是配角，都能够赋予读者一种强烈的代入感，吸引读者沉浸在故事中无法自拔。

很多新手作者习惯把大部分精力都用在编织跌宕起伏的故事情节上，而忽略了如何去塑造形象饱满、个性鲜明的角色，导致他们的故事创作能力长期处于严重“偏科”的状态当中。

角色是支撑故事最稳妥的基石。优秀的故事都是由好角色和好情节共同组成的，两者缺一不可，它们彼此成就，彼此赋能，才能成就一个好故事。

接下来，我们将分享几个可以帮助你创造出形象丰满、个性鲜明的角色的具体方法。

重感觉，轻描写

这一点似乎与我们从小学到的不一样。小时候，我们在作文中描写人物时，总是会按老师的要求从细节开始。因此，描写人物时，我们总是会写：她大概 20 多岁的样子，中等身材，留着一头齐耳短发，圆圆的脸，弯弯的眉毛，红红的嘴唇。

请务必忘记小时候写作文的描写方式，如果故事里出现了这种描写，那么大概率是会被编辑鄙视的。描写人物时切记两个不要：不要用刻板的数字，不要和名人对比。例如：

> 讲台上站着一位 19 岁的男生，白白净净的样子，长得很像陈冠希。

虽然读者一下就联想到了人物的样子，看似很高效便捷，但却非常有害，它会极大阻碍人物形成自己独特的个性。因为直接用明星的名字描写这个角色，读者可能已经把他当成陈冠希了。

在描写主角相貌的时候太过清晰和细致，反而会增加读者的联想难度。作者尽量营造出这个人物给人的第一印象即可。例如：

> 饭店的角落里坐着一桌中年人，其中一个头发微秃、满面油光的胖子，正拿着一只筷子指点江山，滔滔不绝。

> 他的一只脚踩在自己的凳子上，手里的筷子随着他厚实的嘴唇上下翻飞，似乎此刻他是运筹帷幄、临阵指挥的将军，正指点着千军万马，攻城略地。

这种描写方式刻画出人物与当前所处的环境，让环境、动作和外貌同时烘托人物，读者一看就知道这是一个油腻且自以为是的中年人。

> 宁露有着一张极清秀的面孔，虽为女流，但五官轮廓并不过分柔和。比起京城里的那些豪门名姝，她少了几分妩媚精致，却多了一些干练和俊逸。怪不得她可以着男装出入学馆而无人生疑。

这种对于女性长相的描写，不拘泥于眉眼，不过多描写妆容与发型，对服饰也无太多着墨，却能让人立即联想到一个有点中性化的女孩，而不是那种随处可见的娇滴滴的大小姐形象。

当然，外貌的描写只是塑造人物的基础方法。一个个性丰满、真实可信的人物是从多方面、多角度塑造出来的。

人物的深度

在演员的表演方面，有一种表演叫作“方法派表演”，它是由俄国戏剧家斯坦尼斯拉夫斯基提出的。它的意思是假设你是演员，拿到一个角色的同时，要自动补完剧本上没有写的人生。如果你扮演的是一个杀手，那就需要问问自己：他是擅长用左手还是右手？除了枪械，他还擅长什么武器？不工作的时候，他喜欢干什么？他有父母吗？他们的关系怎么样？等等。随着问题的不断提出，作者会不断加强和完善人物的细节，一个人物就会变得越来越真实。

对于作家而言，有时候需要为角色设定一份较完整的个人资料，角色越重要，资料就要越完整。尽管这些资料大部分不会出现在故事里，但它会影响一个角色在故事中的发挥。但是如果你了解这个角色的一切，即便他登场的时间很短，也能让读者意识到这个角色是个有故事的人。

因此，如果想创作出让读者感觉真实可信的人物角色，就可以通过制作人物表或者积累更多关于他的细节，来增加人物的深度，让他变得真实可信。也正是这些有深度的人物角色，才让小说变得更有深度。

人物的弧光

一个真实可信的角色要随着故事情节的发展逐渐发生变化，就像我们真实的人生一样。我们总是在经历了一些事情之后，才慢慢变得成熟，逐渐放下那些固执的观念，接受新的观念或者升级旧的观念，完成成长的蜕变。

人物的弧光，简单理解就是一个角色从开始到结束发生的一系列心理变化和成长蜕变，也可以简单理解为人物的升华。

我们可以举个浅显的例子。

> 一个热爱音乐的小伙子，因为执着地追求音乐梦想而牺牲了家庭中的亲情关系。随后，他在追寻音乐梦想的道路上，遭遇了一系列磨难，也遇到了很多人。最后，他在自

己的音乐梦想完成的一瞬间突然发现，梦想和亲情并不矛盾，甚至还互相依存。人的生命中除了自己的梦想，亲情也是非常重要的。

在这个小故事当中，我们可以看出，在故事开始时主角是把自己的音乐梦想放在首位的，而那些不支持他搞音乐的家人，想让他过安稳生活的家人，则被他视为追梦的绊脚石，因此他选择了放弃。

在故事的结尾部分，由于在故事中段遭遇的种种磨难，他最初的想法发生了动摇。直到最后一刻，他才发现自己追求音乐梦想的底层动机，竟然就来源于家人。他从小就想获得家人的认可，此时他终于明白了亲情的重要性。

这个转变的过程就是人物的弧光，指在故事情节发生变化的同时，角色的心理也完成了一次重要的升华。

这种例子在文学和影视作品当中非常常见，甚至有些纯文学小说本身就是以一个角色的心理成长历程为题材的，例如《麦田守望者》。如果我们细心地揣摩自己喜欢的电影或小说，就会发现大部分主角到了最后，都会完成一次心理的蜕变和升华。曾经唯利是图的角色发现其实亲情才是最重要的，曾经随波逐流的角色总会找到属于自己的人生定位，曾经追求自由的角色总会发现家才是自己的港湾。

因此，我们在创作故事的时候，要始终提醒自己：角色是活生生的人，他一定会因为一些事情的发生而改变想法。如果他没有改变想法，那就是这件事对他的冲击还不够大！

生活中的观察

最后一个让自己笔下的角色更真实可信的方法，就是随时随地观察别人。这可以说是作为一名作者必须要养成的习惯。

你可以观察街上、公交车和地铁上的人以及遇见的每一个人，通过他的外貌、衣着、行为，来大胆想象他是一个什么样的人，有怎样的工作、生活和人生。

在这个观察练习中，你应该化身为福尔摩斯侦探，通过敏锐的观察来判断这个人的背景资料，比如通过他的站姿辨别他是否在部队里待过，通过对方的口音来判断他是本地人还是外地人，通过身体上特有的细节来判断对方的职业，等等。

在公共场合，通过一个人的眼神，最能判断出此人的性格和心理状态。如果对方在公共场合阅读书籍，那他会是一个什么样的人？如果对方眼神躲闪，一直盯着别人的口袋，那他会是一个什么样的人？如果对方目不转睛地盯着美女的大腿，那他又会是一个怎样的人？尽管在现实生活中，用眼神来判断一个人多少有些草率，但在故事创作中，通过角色的视线表达他的个性是再高级不过的方法了。

除此以外，养成观察别人的习惯，不仅能为我们创作的角色增色不少，而且往往能让我们得到更多的故事灵感。故事来源于生活，这句话虽然老套却是事实。

最后，在人物塑造方面，每个作家都有自己惯用的方法。在阅读小说的时候，留心观察同行的方法，然后找到一种自己擅长的方式，也是一个不错的捷径。

另外，在人物的塑造上，强烈的情感和精准的台词也能够极大地帮助我们把一个角色“立起来”。在后续章节中，我们会专门针对台词展开讨论。

小结

要打造充满真实感的故事角色，需要从以下四点做起：

1. 用他的动作行为配合环境完成形象塑造；
2. 不断联想他的人生细节，丰满人物形象；
3. 通过心理层面的变化，让人物形象更趋于真实；
4. 在现实生活中多观察，用排列组合的方式塑造崭新的人物。

09 利用人类共性，让读者爱上你的角色

无论是小说还是剧本，电影还是电视剧，在一个成功的故事中，一定有一个或多个出彩的角色。如果说一个好故事就像国王的皇冠，那么故事中那些活灵活现、跃然纸上的角色就是镶嵌在王冠上最璀璨的宝石。可以说，角色和故事情节一荣俱荣，一损俱损。

提到《三国演义》的时候，你会想到其中哪些角色？是重情重义、骄傲勇猛的武圣关羽，还是鞠躬尽瘁、才智过人的诸葛亮？是性情多疑、文韬武略的枭雄曹操，还是风流倜傥、深谋远虑的周瑜？为什么《三国演义》这样的故事能在街头巷尾流传至今，很多老人一辈子没有读过书，却对三国里的人物如数家珍？原因就在于角色的魅力。波澜诡谲、英雄辈出的三国乱世就像广袤无垠的深沉夜空，而三国中那些乱世君王、武将谋臣、英雄好汉、美女佳人都像一颗颗璀璨的明星，共同成就了一部史诗般宏大的巨著。

角色在故事情节中起到的作用是非常巨大的。我们有时候甚至会忘记具体的故事情节，却依然记得其中的人物角色。在优秀的故事作品中，不仅主角充满魅力，而且很多配角和路人也活灵活现，跃然纸上，让人印象深刻。以金庸的《天龙八部》为例，你也许记

不住所有的情节，但一定会对小说中的人物如数家珍：豪侠仗义的乔峰、憨厚耿直的虚竹、多情帅气的段誉、古灵精怪的阿紫、痴情至极的游坦之，等等，可以说，金庸先生将一个个生动有趣的角色联合起来，共同撑起了一个关于江湖和武侠的世界。

如何才能打造出一个有独特性格和魅力的角色呢？一个虚构的角色应该被赋予什么样的特质，才能让它一点点地走进读者的心里，成为那个让读者念念不忘的角色呢？

在本章，我们将分享打造魅力角色的四种方法，相信你看完以后，也能在自己的故事里创作出让人印象深刻的角色。

赋予角色强者属性

我们首先要理解读者看故事的动机。我们在前文也探讨过，人们读小说也好，看电影也罢，本质上是寻求一种自己未曾体验过的人生。读者希望能够在书中看到另一个超越自身的迥然不同的自己。因此，我们就要赋予主角一个特殊的强者属性——在某个领域，有着突出的特长。例如《琅琊榜》中，梅长苏是一个心思缜密、善于谋略的人，智商比别人都高。

《福尔摩斯探案集》中，主角福尔摩斯是一位博学多识的推理之神，知识面比普通人广泛得多。

就连女性爱看的宫斗小说，女主角也时常拥有常人难以企及的强者属性，比如，拥有超高的颜值、异常聪明的头脑，或者是人际关系高手。实在不行，就让女主角拥有爆表的运气和桃花运，让所有男人都倾心于她。

这些都可以满足读者对强者人生的一种向往。因此，在塑造主角的时候，一定不要忘记给他或她加上主角光环，即便对待配角也应是如此。一项突出的特长很容易让路人变成一个让人印象深刻、充满故事的配角。例如,《鬼吹灯》中的胖子虽然属于主角胡八一的陪衬，但战斗力爆表，时常能在关键时刻用自己的特殊技能帮助主角摆脱困境。就连书中的古董商大金牙，由于其对古董的鉴别能力当属行业翘楚，让人印象深刻。

经常看网络小说的朋友对这一方面会更了解，几乎每个网络小说的主角都拥有一种叫作金手指的东西。甚至给主角设置金手指，已成为编辑考核网文质量的一个指标。我们可以看到，在网络小说里，主角会拥有更夸张的超乎寻常的能力：能够存储一切的空间戒指、大脑里存储的图书馆、一个来自洪荒世界的巨兽同伴……总之，在网络小说的世界里，对主角能力的塑造超乎想象，创作者比拼的是谁的想象力更丰富。

赋予角色鲜明的个性

拥有某一项非常突出的特长或能力是塑造角色的第一步，但光有这些还不够。我们还要赋予角色特色鲜明的个性，让他成为一个具有辨识度的人。如何让角色的个性鲜明呢？其实有个很简单的方法，那就是把现实生活中的个性进行放大和夸张。

例如，平时我们身边可能有比较强势的人，在小说中这个强势的特质应该更加强烈，甚至变为有些咄咄逼人，充满进攻性，这样才能让读者印象深刻。在故事中，生活中能够遇到的性格都要变得更突出。平时温柔的人可能要变得更善良，甚至有点软弱；平时有些奇怪的人，要怪异得有些变态；平时爱打抱不平的人，可能会变得更爱管闲事，甚至到了奋不顾身的地步。为什么我们要让这些角色的性格都这么夸张呢？

第一，性格极端的人更能给人留下深刻的印象。当过老师的人可能都有这样的体会：多年之后，在自己教过的学生里，记得最清楚的往往是那些最调皮、最让人头疼的孩子，其次才是学习最好的孩子。最容易被遗忘的就是那些听话、不惹事、学习成绩又处在中等水平，平时没什么存在感的孩子。

第二，性格极端的人会让观众觉得爽快。因为在现实生活中，每个普通人都生活在规则、秩序、道德、法律等框架体系内，很难做出逾越这些条条框框的事情。我们和同事有冲突时，往往要尽量忍耐一下，保持谦逊。而故事则不一样，读者最喜欢的就是故事里的冲突和性格强烈的角色。他们有任何不爽都会不吐不快，甚至会大打出手，这样就会把压抑的情感释放出来，可以帮助读者完成情绪宣泄，获得满足感。

总之，读者看小说就是要体验一个不一样的精彩人生。如果你的小说和现实生活一样枯燥无趣，人物性格模糊不清，就不能给读者带来超出现实的爽快感。

赋予角色反差弱点

角色被赋予了超乎常人的特长和强烈的个性特征后，还要再赋予他一个弱点。这里的弱点是一个宽泛的概念，可以是性格上的缺陷，也可以是一种和特长完全不匹配的外貌、处境或者职业。例如，

《鬼吹灯》里的王胖子浑身是胆，战斗力爆表，但却非常恐高。《内衣教父》里的主角身为日本黑帮老大，却性格温和，爱好设计内衣，并在设计公司里当小弟。

有时候，突出的特长与主角极为不匹配的弱势会形成强烈的反差。这种反差会赋予角色一种极强的吸引力，让读者忍不住猜想，他一定是个有故事的人。例如，《天龙八部》中武功最高的人，竟然是少林寺里的一个扫地僧，这会让读者忍不住去想，他到底是为了什么才会埋没一身功夫，隐身于一个卑微的职业中呢？

为什么我们一定要给主角设置反差弱点？这样主要是为了增加角色的层次感。如果一个角色的特点全是好的、正面的、强大的，或者全是邪恶的，那么这个人物会无可避免地陷入单薄、单调、没有深度的漩涡中，他的故事将无法引起别人的兴趣或者争议。

新手作者很爱自己的角色，也因此很容易把人物塑造得高大上——帅气、多金、正义、聪明，这实际上是新手作者在满足自己的心理需求。真正的角色应该“不止一面”。透露人物人性中的多面性会让人物更加生动立体，也会让作品变得更感性，从而具有深度。

赋予角色同伴和对手

我们可以看到，在很多小说中，主角的身边总是跟随着一个同伴，比如，福尔摩斯和华生、吴邪和张起灵、胡八一和王胖子，等等。这些主角和同伴之间可以产生友情或爱情等元素，用现在流行的话说就是组成 CP。

给主角配置一个同伴是为了衬托主人公的聪明勇敢等正向性格。在情节陷入僵局的时候，同伴的出现可以解开情节的死结，作者还能借同伴之口表达更多的信息，增加视角等。总之，如果你留意，就会发现主角身边的同伴在写作过程中实在是太有用了。

另外，为主角设置一个强大的对手也是必不可少的元素。对手往往要比主角更强，更有权力，更强大，更聪明。这样一来，主角和同伴经过重重险阻打败对手的时候，读者才会大呼过瘾。如果主角只是去打败比自己弱小的敌人，那就不叫挑战，而是欺负了。

小结

让我们回顾一下本章的要点。我们可以通过以下四个步骤，塑造一个让读者喜欢又有魅力的角色：

1. 给角色设置强者属性，赋予他某个领域里突出的特长；
2. 给角色设置鲜明的个性，让他能够帮助读者们体验爱恨情仇；
3. 给角色设置反差弱点，让角色的性格更复杂、更有层次感；
4. 给角色设置同伴对手，让故事变得跌宕起伏，更有看头。

10 搞定“猪肚”：中段部分丰满且精彩

按照写作流程，我们之前分别讲解了如何从灵感中提取核心故事，如何为核心故事搭建框架、梳理大纲，接着我们分享了如何创作故事的开头，以及如何打造角色。

根据我个人的经验，如果你做完了之前所有的工作，从开头写到现在，应该已经完成了 3 万～5 万字的创作。此时，你可能会遇到下一个瓶颈。你的创作冲动可能会在此时有所停顿，甚至你可能会陷入迷茫之中。因为我们在梳理大纲和结构的时候，已经对这个故事进行了全盘的规划，我们对故事已经有了一个大概的了解；我们在开头花费了大量的精力，力求让它变得格外精彩，这个过程几乎耗费了我们一大半的创作激情。接下来，我们要面对故事的中段，也就是最长的部分。此时，我们会突然感到一阵茫然，不知道该如何下手了。

“凤头、猪肚、豹尾”是人们对好文章的要求。这句话形容一个好的故事开篇要像凤凰的头部一样，绚烂、美丽，引人驻足观赏。而故事中段，应该像猪肚一样，饱满结实，内容丰富。结尾则要像豹尾一样，苍劲有力，鞭辟入里，让人意犹未尽。那么，面对容量最大、内容最丰富的中段，我们应该如何下手呢？这几乎是每一个新手作者要面临和跨越的一道障碍。

主角连续行动，情节持续推动

“行动、结果、再行动”这七个字表明了故事中段的核心节奏。它非常容易掌握，并且极具延展性。这七个字可以帮助你轻松地掌握自己的故事的节奏和长度，而不是被故事本身所羁绊。

回忆一下，写完开头之后，我们打破了主角的平淡生活，给他的渴望设置了障碍（**渴望 + 障碍 = 冲突**）。当冲突产生之后，主角必须行动起来。例如，《蜘蛛侠》中，主角是一个略显软弱的宅男，他渴望成为行侠仗义的超级英雄，但缺乏勇气和力量，这成了他最大的障碍。在一次课外参观的过程中，他意外地被一只变异蜘蛛咬伤了脖子（打破平淡的生活），从此他拥有了蜘蛛侠的超能力。

按道理，故事进行到这一步，他就可以顺理成章地成为超级英雄了，但他并没有。他最大的障碍有两个：一个是力量，一个是勇气。尽管他拥有了蜘蛛侠的力量，但依然缺乏勇气。接下来，我们的编剧需要再次对主角施压。怎样才能激起他的勇气呢？没错，好莱坞编剧选择在剧本中杀死他的亲人！他的养父在深夜寻找离家出走的主角时，遭遇了小混混的抢劫，被刺身亡。亲人的死亡让主角内心充满了愧疚，也激发了他面对暴徒的勇气。能力越大，责任越大，主角此时必须肩负起惩恶扬善的使命，踏上一条英雄之路。

如果将以上的例子作为一个小说故事的开头，作者就编织了一个普通高中生可能会变成英雄的可信理由。故事才刚刚拉开序幕，接下来的问题会接踵而来：主角将会面临哪些挑战？他会遇到哪些危险？他的对手是否更强大？他能否替亲人报仇？他能否征得美人的心？这些读者关心的问题都将在故事的中段得到完整的解答。而作者在接下来的故事编写中，就要用到我们开头提到的七个字：行动、结果、再行动。

简而言之，迫使主角行动起来，持续不断地去做他应该做的事情，每次行动都会形成一个故事场景。小的行动形成小场景，大的行动形成横跨好几个章节的大场景。每一次行动，每一次尝试，每一个场景要有明确的结果，有些是成功的，有些是失败的。无论结果如何，主角都要一刻不停地朝着终极目标进发。

无论主角的目标是成为奥运会冠军，还是成为异世界的最强王者，抑或他的终极目标仅仅是想睡个好觉，主角和终极目标之间都横着一道道需要跨越的栏杆。这样一来，读者将会随着主角的行动，经历一个又一个场景。故事的中段就是由一个又一个精彩的场景组成的。

我们可以把主角在整个故事中的行动比作西天取经，他必须经历九九八十一难，才能到达西天取得真经。在故事的中段，我们就需要给主角设置这样的困难和关隘，让他不停地行动，去破解一个个难题，打败一个个敌人，或者解决一个个麻烦。这个解决问题、打败敌人的过程，自然而然就形成了容量饱满的故事中段。

当然，在主角朝目标前进的过程中，作者还需要设计出一条连绵不断且高低起伏的曲线，而不能是一条平顺的直线。也就是说，主角的行动有些是顺利的，有些是彻底失败的。成功的行动会让主角再前进一步，失败的行动则会让他暂停下来，甚至会后退一步。例如，在《琅琊榜》中，削骨易容的梅长苏回归京城之后发生的故事就是典型的中段情节。他按照自己的计划一步步往前推进，期间遭遇种种阻碍，并陷入夺嫡之争的漩涡当中。

我们可以看到，在有些情节中，梅长苏是赢家，他将计划顺利推进了一步；但在有些情节中，他遭遇了多次危险、阻碍和失败，还有来自强大势力的威胁，甚至包括盟友的怀疑。这些有成有败、有得有失的情节，共同组成了故事中段起伏不平的弧线。我们需要赋予故事节奏起伏变化。

你可以将情节设置为起、起、起、伏、伏，也可以设置为起、伏、起、伏、起、伏，这取决于你的个人喜好和故事类型。有一点必须注意，那就是主角有一个需要解决的核心问题，这是故事的主线，无论如何都不能偏离。就像唐僧取经，他的终极目标是去西天取得真经，所以无论在路上遭遇了多少困难，遇到了多么强大的阻力和诱惑，在克服之后他还要继续前行。他不能突然放弃了梦想，干脆留在女儿国过上幸福的生活。

把大主线切割成小目标

相信大家对制订“年度工作计划”和“学习计划”都非常熟悉。一般而言，我们在制订年度工作计划的时候，都会先为整个年度设置一个总目标，然后把总目标划分到每个季度，最后细化至每个月要实现哪些小目标。

其实，故事也是如此。我们的整个故事都是围绕主角的总目标展开的，因为主角距离这个目标太过遥远，他不可能一步登天。我们需要把一个遥不可及的目标，切分成一个个小目标。

就像王健林先生说的，成为首富之前，你要先实现一个小目标。那么，我们需要把整个大目标切分为几个中型目标，在中型目标中又划分出小目标，然后让主人公一个个实现它们，具体划分请参照图 10–1 所示。从曲线来看，整体呈现上扬趋势，这说明故事的整体走势是朝着圆满结局去的。

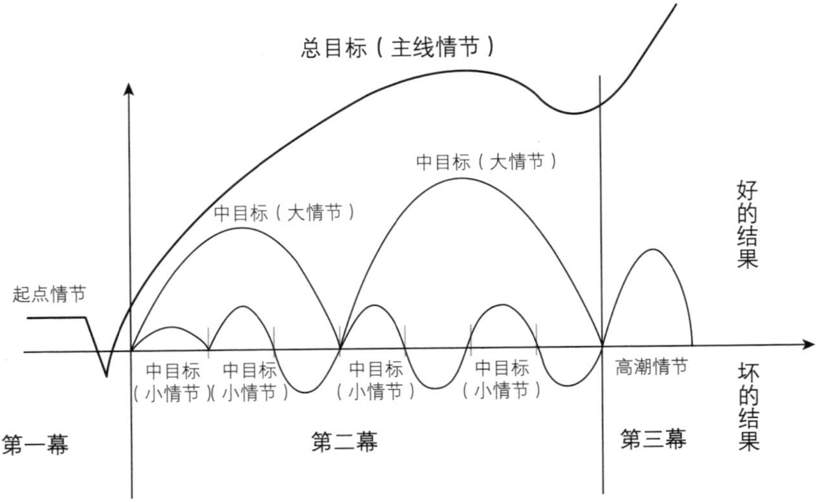

图 10–1　小说的目标分割图

如图 10–1 所示，故事的中段部分是主角带领读者实现总目标、体验主线情节的过程。从曲线来看，情节整体呈现上扬趋势，这说明故事的整体走势是朝着圆满结局去的。

在总体目标的驱动下，我们将其分割成若干个大情节，也就相当于中等目标，在中等目标下又分割出若干个小目标，这些对应的就是故事中的小情节。我们可以看出，小情节的曲线是呈起伏状态的，也就是说主角在行动过程中不是一帆风顺的。横坐标以上的曲线代表主角行动成功，事情取得了进展；横坐标以下的小曲线代表主角行动失败，或者遇到了挫折，出现了坏的结果。

我们即便是在创作以小目标为主的小情节时也要注意，也需要把主角努力的过程当作一个独立的小说情节去对待，一样要有起承转合，要有矛盾冲突。假设我们的主角是一个爱好乒乓球运动的少年，他的终极目标是成为奥运冠军，那他就要先成为校队的种子选手，再成为市区选拔赛冠军，再进入省队，最后是国家队。他还要打败竞争队友，入选奥运会选手，代表国家队击败全世界乒乓球劲敌，最后登顶奥运会冠军，为国争光。

那么，我们就可以把他进入校队、市队、省队、国家队这些目标作为中等目标来看待，而在进入校队或省队的过程中发生的故事就是小目标、小情节。比如，他必须击败来自本市的另一名选手，争夺进入省队的唯一一个名额。尽管在整个故事中，这个情节是最小的单元，但同样也是一个独立的故事情节，作者要写出故事应有的悬念和紧张感以及比赛场面中最重要的临场感。

实际上，一个长篇故事，无论是 10 万字还是 100 万字，都是由主角一个又一个奋斗的短篇故事堆叠组成的。我们按照这样的思维，把主人公的任务划分成一个又一个小目标。主角不断地实现一个又一个小目标，慢慢地朝着最大的目标推进。所以，当我们在故事的中段不知道如何写下去的时候，只需要审视一下主角的任务清单，看看他走到哪里了，思考他的下一个目标是什么？应该如何实现？自然也就能一目了然地看清局面，知道如何写下去了。

正向反馈 + 奖励机制 = 永不厌倦

当然，看到这里，细心的读者提出新的疑问：如果按照大目标中套中目标，中目标套小目标，主角一次次克服困难、解决问题、打败敌人的创作思路写下去，读者难道不会感到厌倦吗？这种方法简单粗暴，怎么总感觉骨子里是满满的套路呢？

是的，世界上按照这种层层推进的写法创作的故事很多，但不同的是，有些成了经典，有些则沦为了平庸的作品。尽管两种作品的创作思路看似一样，但其中有一些细微的差别，所以最后得到的结果是截然不同的。例如，在经典动漫作品《七龙珠》中，悟空从参加武道大会开始，一路上遇到了各路强劲的对手。他通过自己的努力，逐个打败对手，之后又遇到更强的人物，最后不得已进行自身的强化，变成了超级赛亚人。在这样简单粗暴的打斗动漫中，悟空从地球一路打到了月球，力量体系到了最后逐渐崩溃，但仍不影响他成为一代人的童年记忆。

仔细回想一下，其实这种把一个看似难以实现的遥远目标，切分成一个又一个系列任务的情景，在很多作品中屡见不鲜，读者却从不厌倦。例如，在中国古典小说《封神榜》中，姜子牙带领武王伐纣，破“十绝阵”，降服“魔家四将”，经历了一个又一个前来阻拦的能人异士，最后消灭了商纣王，成立了大业。为什么读者对这种重复动作永不厌倦呢？其实原因很简单，个人认为主要有以下两点。

在故事中加入正向反馈机制

什么是正向反馈呢？经典游戏《俄罗斯方块》几乎是现在所有游戏的鼻祖，曾经风靡全球。为什么一个简单的方块堆积游戏能让很多人长时间沉浸其中呢？答案是玩家可以马上看到奖励，大脑能够得到即时反馈。每当你用长条形方块填满一排或几排方块，堆积的方块就会瞬间消失，危机就会立即解除，大脑此时就会分泌多巴胺，让你感到愉悦，这就是一种正向的即时反馈。

人类天生喜欢立即看到结果，尤其是正向结果。这一点被如今的 App 软件发挥到了极致，比如，我们拍了一组好看的照片发到朋友圈之后，每隔一会儿就想点开看看有没有人给我们点赞。每次看到那个小红点上的数字，我们都会感到身心愉悦；如果半天都没有任何人给我们点赞、评论，我们就会感到非常失落，甚至会检查自己是不是不小心发成了“仅自己可见”。这就是正面反馈带给我们的巨大魔力。

游戏之所以令人沉迷上瘾，就是因为玩家的每个动作很快都能看到反馈。玩家每打一个怪物，就会得到相应的经验值；每得到一件装备，游戏角色的能力就会提升；每连续赢几个场次，就会得到新的强者徽章。

读书和学习这两项任务为什么会让人感到困难和吃力？那是因为学习是一个漫长的积累过程，不会马上看到效果；读完一本书对我们的生活可能并没有实质性的影响；多刷一张试卷也不会让我们的分数马上得到提升。这些动作都没有即时的正向反馈，我们需要长期坚持才能看到进步。这是一种快感被长时间延迟的现象，也是为什么《王者荣耀》游戏能够从课堂上抢走无数学生注意力的根本原因。

回到故事的创作上。除了纯文学和传统文学以外，互联网时代的故事创作基底就是服务于读者的体验，让读者在阅读过程中产生更多的愉悦感。在这一方面，网络小说提供的愉悦感就非常明显，其他 IP 型的商业小说同样存在爽点，只是没有那么明显而已。

每种类型的小说提供给读者的愉悦感是不同的。网络小说提供给读者的爽点一般比较直接，如财富、权力、美女、特殊能力、超强战力，等等。因此，我们经常会看到网文的主角一出场就带有“金手指”（一种特殊能力），没过多久就获得了巨额财富，接着又俘获了帅哥或美女的心，等等，满足了人们基本的愉悦感。

在IP类的实体小说中，这种爽点被拉高到了精神层面，变得更隐晦、更委婉了。它的爽点可能是一段荡气回肠的爱情故事，可能是一场对于人类的救赎，也可能是对未来世界的猎奇探索，更有可能是对人性深处的一次挖掘探讨。

无论如何，我们明白了这一点，就知道自己的故事处在什么样的领域里，我们的读者将会是一群什么样的人，他们想要的是什么样的愉悦感。如果你创作的是网络小说，那么这些正向反馈需要更直接、更猛烈些；如果是传统的商业小说，则可以更深沉一些。总之，正向反馈带来的最直接的回应就是奖励。

我们可以把这种正面反馈机制添加在小说中的每个小任务里，让主角每次完成任务都得到相应的奖励。这些奖励看似是给主角的，实际上是给读者的。在《盗墓笔记》中，每当主角历尽千辛万苦从古墓中出来，总会得到两种东西：要么是价值连城的文物，可以换成巨额的财富，满足了读者的期待；要么就是更加神秘的线索，可以持续推动故事情节的发展。

根据正向反馈机制给予角色奖励，需要根据不同的故事题材加以区分。在爱情故事当中，主角通过努力之后，得到的奖励往往是来自对方“爱的回应”，是两个人之间情感距离的缩短；在推理悬疑小说中，主角通过调查分析、案情走访等努力，得到的奖励往往是一条非常有价值的线索。在爱情小说里，给予金钱的奖励可能会显得有些低俗；在悬疑小说中，给予情感奖励又显得偏离主题。总之，奖励要根据主角的实际需求酌情发放。

一个讨喜的主角通过自己的努力，一步步朝着自己的目标前进，并获得能力上的提高、心灵上的成长，逐渐拥有了实现梦想的实力。随着主角和读者的马斯洛需求层次不断提高，作者可以在符合读者预期的时间点推动故事产生一次小高潮，以满足读者的情绪释放。

这一切会形成一个良性的循环，让读者不知不觉地深陷你精心编织的梦幻世界，跟随你的主角，代入自己的情绪，去体验或波澜壮阔，或曲折离奇，或热血激情，或惊心动魄的故事。这样的故事读者能不为之心动，不为之买单吗？这个世界上一切好看的故事实际上都是作者花费大量心血，融入人性需求，秘密编织成的巨大幻境。

凡是能够让人沉浸其中无法自拔的东西，都不是表面上那么简单，一定是在某个方面满足了读者和用户的心理需求。

小结

1. 中段的写作需要记住七个字：**行动、结果、再行动。**
2. 把主角的终极目标进行切分，制作成属于他的任务清单。
3. 给予角色丰富的奖励机制，即时给予读者正向反馈。

按照小说的长度比例来测算，如果把一个小说分成 100 等份，开头和结尾大概各占 20% 的体量，而故事中段的体量需要占到 60% 左右。在这样大比例的体量中，我们需要竭尽所能，给主角安排更多的障碍，给读者呈现更多跌宕起伏的故事场景，最后才能把故事合理收尾。如果说故事的开头是开胃菜，用于刺激味蕾，那么故事的中段则是主食，它需要丰富和饱满，而结尾则是精美的赠品，负责留下美好的体验。

11 利用故事节拍控制节奏，营造紧张氛围

“节奏感”这个词语我们都非常熟悉，它时常被用来评论音乐或者电影。但实际上在故事创作中，节奏感也非常重要。节奏感能够让作者自由把控故事的松弛和紧张程度，从而最大限度地调动读者的心理状态和感受，使其产生身临其境的感觉，看文字也能产生观影的快感。

在故事创作中，节奏感主要是用节拍来进行调节的。尤其就调动紧张气氛而言，故事节拍更是一个制胜法宝。紧张氛围不仅仅存在于悬疑类、推理类、宫斗类作品中，爱情小说、家庭剧中也时常会出现各种情感和事件冲突，也需要有一些剑拔弩张的紧张时刻。

我们需要了解故事中的节拍到底是什么？根据《故事》的作者罗伯特·麦基所言，节拍是故事中最小的结构，是组织故事架构的基本单位。简单来讲，节拍就是在一个场景内，角色克服障碍、实现自己目标的过程。在一个场景中，角色的每一次尝试就是一个节拍。在整个故事体系中，节拍组成了场景，场景组成了故事，它们是一种从小到大、层层嵌套的关系。

正确理解节拍、场景、故事之间的关系，能够让我们在构建故事的时候兼顾设计师的感性和工程师的理性。熟练掌握节拍的创作方法可以让我们在故事创作中做到张弛有度，随心所欲地通过调整节拍的疏密程度，来控制故事的节奏，把控影响读者的阅读感受。

例文 1：

一个怀揣梦想的音乐少年，想留在一家餐厅做驻唱歌手，但是老板并没有这个打算。少年为了达到目的，尝试说服餐厅老板：

“老板，我唱歌没问题的，还能弹吉他和钢琴，您给我个机会，我不会让您失望的。”

（这是他第一次尝试，试图用自己的专业技能打动对方。）

“算了，我的店里没有专门的舞台，没有地方给你表演。”

（老板一口回绝，第一次尝试失败。）

“没关系的，我用不着太大的地方，一张咖啡桌那么大的地儿就行了。”

（角色第二次尝试，降低了自己的标准。）

“那我还得撤去一张桌子，这损失算谁的？”

（老板提出了新的理由，但态度有所松动。）

“这样吧，老板，”背着吉他的少年一咬牙，“您让我在这里驻唱，我不要钱，一方面算是补贴您的损失，一方面还能提高用餐体验，您不吃亏的。”

（少年做出了最后让步，试图用免费来吸引酒吧老板。）

听他这么说，老板沉吟片刻，说："行，既然你这么说，那我就答应你。先说好，我给你搭个小舞台，你在这里唱歌，没有薪水哦！行的话，你后天就来。"

（少年的目的达成。）

在上面这个例子中，少年每一次试图说服老板的过程，就是一个节拍。所以，这个情节中，一共有三个节拍，不算太过密集。你可能会说，这个节拍我懂了，可这个场景并不紧张刺激呀？我们之所以没有在上面的例子中感受到紧张，是因为角色在这个场景当中失败的代价太小了。假如这个少年不能说服老板把他留下来，他就要被人送到一个黑煤窑打工了，可能读者在这个场景中体会到的紧张感就会增加不少。

例文 2：

在一个职场故事中，有一个情节是一个男主角去找老板，要求他给自己加薪升职。

老板，你看，我来公司三年了，任劳任怨，也做出了一些成绩，能不能给我加薪升职啊？不然我真的没办法干下去了。

（男主提出要求，开始第一次尝试。）

老板听了主角的加薪要求后，很直接地拒绝了："没错，首先我认可你的努力，但你还没有达到升职加薪的要求，希望你继续努力。"

（男主第一个回合失败了。）

我们知道，在情节当中，节拍要变得更密集，故事才好看。这也就是说两人要有多次对话和博弈，并且层层推进才更好看。因此，我们的男主并没有放弃，他显然有备而来。

他放下了谦卑的面容，冷笑了一声："好，你做初一，别怪我做十五。你不给我加薪，我可能就没办法给你保守秘密了，你和女秘书那点破事，可能马上全公司的人都知道了。"

（我们可以在这个地方停下来，让老板妥协，也可以让矛盾继续升级，再加入更强烈的节拍。）

老板听了以后，生气地一拍桌子，说道："你以为凭这个就能威胁我吗？我可以随时让你滚蛋，并且让你在整个行业里混不下去。"

（男主第二次尝试并未成功，还加剧了两个人之间的紧张感。）

"我手上还有你贿赂官员和私自篡改财务数据的证据，你现在有两条路，要么让我做大区经理，要么你去坐牢。"男主拿出了一个文件袋拍了拍，"我给你两天时间考虑。"

说完，他转身离开。

（这是男主第三次尝试，也是他最后一次破釜沉舟般的尝试，同时将局面推向了无法调和的境地。读者会期待看到老板面临这样的威胁将做出怎样的决定。）

这时候，老板才真正明白，自己确实已经被逼到了墙角。

男主转身之际，他从办公室的座位下面摸出了一把弓弩，瞄准了男主角的背影。

“你等一等。”老板叫住了他，心里已经开始盘算着抛尸的最佳路线和地点。

我们可以看到，由于这位老板性格极其狠辣，因此威胁对他而言没有太大的作用，反而激发了他杀人灭口的念头。在这个场景中，男主的错误行为把自己一步步推向了险境。

在一个办公室的环境当中，在这个要求升职加薪的情节中，两人的对话层层推进，矛盾一步步升级，一方面表现了两人的性格，一方面释放了更多的内容信息。随着主角的不断加码，两个人之间的矛盾也逐步升级，最后演变到你死我活的地步。这样就会让读者牵挂故事的后续发展，格外关心男主角的成败，甚至是生死。这就是节拍的重要性。

我们在看电视节目的时候，对节拍的感受可能更直观。有些电视剧剧情发展缓慢，也许当剧中婆媳两人在家讨论别人的家长里短时，你下楼取了个快递，回来重新坐在电视机前的时候，剧中的婆媳两人还在对话，或者即便换了场景，你也依然能够接着看下去。而有些电视剧，如节奏紧凑的悬疑或刑侦、推理类作品，尤其是一些制作精良的美剧，不要说下楼拿快递，即便你上个厕所或者起身倒了一杯水，回来可能已经完全看不懂了。这就是故事情节的节奏问题导致的。通常，节拍密度越大的剧情涵盖的信息量越多，节奏越紧凑，冲突越密集，观众或者读者就越觉得好看。

弄清楚节拍这个创作的底层逻辑，除了有助于我们进行故事创作时能够自主掌握节奏，还能让我们对故事的鉴赏能力变得更强。

无论你以后看电视剧还是看小说，都会变得更专业。你会一眼看出一个场景中的节拍数量和情绪递进关系，这些都有助于你在自己的创作中灵活地使用节拍这个神器。

营造紧张故事氛围的四种方法

在明白了节拍的原理之后，我们回到本章的大主题之上，那就是如何利用节拍控制我们的故事节奏，营造紧张激烈的故事氛围。如果把故事创作和音乐编曲做一个类比，它们有一个共同的任务，那就是必须利用故事节奏调动读者、观众或者听众的情绪。

情节应该和音乐一样，有时候需要像一条小溪那样舒缓流淌，有时候要像大江大河那样澎湃汹涌，有时候又要如同地下河水一样，尽管无声无息，但却激流暗涌。

真正高明的小说家和编剧都会用节拍制造波澜起伏的故事节奏，让读者的心情随着主角的经历或故事情节的发展，时而跌入谷底，时而冲上云霄。有时读者感觉阴云密布，转眼又觉得云开雾散、柳暗花明；有时读者感觉凄惨绝望，很快又绝处逢生。

具体怎样才能做到这些呢？我们分三个部分来解答这个问题。

给角色的目标增加障碍

障碍越多，角色克服障碍的行动也会变得越多，整个故事的情节密度就会变大，信息量也会变得更丰富，故事自然就会变得更好看。例如，在《甄嬛传》中，甄嬛被祺贵妃告发私通温太医，其间要克服的各种障碍多达十几个。在如此密集的节奏中，观众能够感受到强烈的紧张和危机感。先是祺贵妃指证甄嬛私通温太医，而后是皇后一党帮腔，随后祺贵妃发毒誓作证，甄嬛的婢女斐雯、甘露寺尼姑静白也纷纷出来作证，把甄嬛逼入了险境。此时，皇帝前来质问甄嬛，对甄嬛的信任岌岌可危。最后，皇后提出滴血认亲。滴血后，血液融合，皇上忍不住大发雷霆，打了甄嬛一耳光，甄嬛面临生死危机。

在这个场景中，甄嬛首先面临的是一场有预谋的告发行动，在情势上不占优势，在人数上也不占优势。皇后一党的暗中操作，祺贵妃的作证都将甄嬛推入了危险的境地，观众都知道给皇帝戴绿帽子的下场一定是有生命危险的。各种交织的危机和压在角色头上的障碍，都会催生紧张刺激的情节。读者或观众会在此时格外关注主角的命运，更会好奇主角用什么方法化解这些障碍，并成功实现了对敌人的反杀。

皇后一党的诡计被识破后，甄嬛重新获得了皇帝的信任。“坏人”被严惩了以后，观众们终于松了一口气，并从这个情节中获得了情绪上过山车一般的“爽感”。

值得注意的是，给读者设置障碍不一定非要增加很多对手，有时候场景中最大的敌人不一定是“人”，我们还可以从环境和角色的内心出发，给他设置更多的心理障碍。例如，在电影《来电狂响》中，几对情侣在一起聚会，某人接听手机时的鬼祟动作引起了一个女人的疑心，众人决定玩一个游戏：所有人都把手机放在餐桌中央，其间无论哪部手机接到微信、短信或电话，其主人都必须当众宣读或接听。在光鲜靓丽的外表之下，每个人都有着不想被他人知道的秘密。

在这种场景中，每个人的心里都承受着巨大的压力。一方面担心自己隐藏的秘密被伴侣发现，一方面还要装作光明磊落、毫不在意的样子。场景中，角色需要面对的心理障碍非常多，比如：

1. 担心自己的情人突然给自己发消息；
2. 必须装出一副无所谓的样子；
3. 防止自己的损友出卖自己；
4. 随时应对秘密被伴侣发现后，如何补救的问题。

此时，角色面对的障碍是多种多样且随机发生的，现实的场景让观众也会情不自禁地捏一把汗。这会导致在这个游戏场景下，观众都会随着特殊环境营造出的紧张感看下去，他们会关心这些角色到底谁先倒霉，更关心他们如何应对突如其来的意外电话。

给主角增加一些策略

当然，我们不能只一味给角色增加障碍，还要给角色增加应对策略来解决问题。让我们还以《甄嬛传》中滴血认亲的经典场景为例，来看看编剧是如何通过密集的障碍和角色的应对策略，营造紧张氛围的同时体现出角色智慧的。

设置障碍 1：祺贵妃让甄嬛的婢女斐雯来指证甄嬛与温太医有染。

应对策略：甄嬛通过质问斐雯一个细节，揭露了斐雯是皇后刻意安排的奸细，她证言不足为信。

设置障碍 2：祺贵妃又找到了当年甘露寺里的静白师太，她可以证明温太医时常来看望甄嬛。

应对策略：甄嬛也找到了甘露寺里的其他尼姑，她们证明静白师太时常虐待甄嬛。

设置障碍 3：皇后提出滴血认亲，并且在水中做了手脚，导致血液相融，甄嬛因此陷入险境。

应对策略：危急关头，甄嬛在水中滴入了其他人的血液，结果血液一样相融，这证明水有问题，被人动过手脚。

…… ……

类似这样的场景，节奏非常密集，出场人物众多，是一幕高潮戏，所以作者为了营造层层递进的紧张和压迫感，将障碍的难度逐渐提升，成功地将观众的心都吊了起来。你来我往、唇枪舌剑的博弈将后宫斗争的残酷和凶险表现得淋漓尽致。

在故事创作上，类似的场景比较常见，作者时常需要把主角推入险境，但又需要为主角想好应对策略，好让他能在故事中死里逃生。这样做不只是为了营造紧张气氛，还是为了塑造主角的正面形象。在游戏领域，有一种观赏性很强的操作叫作“丝血反杀”或“极限反杀”，意思就是自己的游戏角色在只有一丝血的情况下，反而通过各种神操作反杀了对手。这种在刀尖上跳舞的感觉能够给观众带来极度舒适的“爽感”，我们不妨在创作中作为参考加以利用。

利用人物情绪推波助澜

要让情节变得紧张刺激，人物情绪的刻画不失为一种好方法。在一个节奏密集、紧张刺激的场景中，人物的情绪往往能够起到推波助澜的作用。如果能把人物的情绪渲染到位，紧张刺激的感觉会加倍。例如，一个女孩和男友交往多年，初次上门见对方家长的时候，认出男友的父亲竟是当年用高利贷害死自己母亲的罪魁祸首。席间，男友父亲不时有意无意地提及女孩的家庭，不断地刺激着女孩想起痛苦的过往，女孩一边竭力控制自己的情绪，一边还要表现出一副若无其事的样子。

她面对这个仇人的时候，情绪是怎样的？我们可以设想一下，她的情绪从震惊到害怕，从害怕到屈辱，从屈辱到仇恨，从仇恨到设计复仇，同时又担心复仇计划会让自己失去深爱多年的男友。最后，在爱情和复仇之间，她需要做出艰难的抉择。我们需要耐心梳理角色的情感变化，她的每一步行动，都要体现情感的剧烈变化，或者是微妙转变，这会使整个故事变得更加细腻丰富，能够强烈吸引读者继续阅读。

最后，我们在写到人物做出重大抉择的时候，一定要为他的选择做一个情感落脚点。继续以上述故事为例。女孩度日如年地见完男友的家长之后，确定男友的父亲并没有认出自己。回家之后，她站在窗口，看着桌上和男友亲密的照片，回忆起那些甜蜜的日子，对于这段投入多年的感情，她心里实在是难以割舍。随后，她的目光落在了院子里那棵嶙峋的枣树上，当年她就是看着母亲在高利贷的压迫下，吊死在了那棵树上。那种屈辱的仇恨瞬间涌进了她的内心。“啪”的一声，她把自己和男友的合影倒扣在了桌子上。

这个行为已经暗示读者，在爱情和复仇之间，她已经做出了自己的选择。这是她放弃爱情选择复仇之后的情绪落脚点，这里要留出足够的空间去刻画她内心的转变。高潮过后情绪的缓慢释放留下了遐想的空间和思绪的涟漪。如果只写她从男友家里出来之后就决定复仇，不仅会让人感觉转折仓促、生硬，还失去了角色情绪释放的机会，没有给人物的情感转变留出足够的空间。

因此，作者要在一场戏中仔细地梳理角色情感的细微变化，要触动人心，最后还要留下余音回响的空间，让读者体验巨大的心理满足感。

小结

如何让故事的情节变得紧张刺激?

1. 给主角增加更多的障碍，无论是现实中的障碍，还是心理或环境上的障碍。
2. 给主角提供更多元化的解决方案，为读者带来脑力激荡或绝处逢生的快感。
3. 给主角的情绪找到恰当的落脚点，用多层次的情绪和丰沛的情感为剧情加码。

12 制造悬疑的三大技巧

在故事创作中，利用悬念引发读者的好奇是一种常用的创作手法。无论是在开头，还是在故事情节的进展中，抑或是章节的结尾处，适当制造悬念能够抓住读者的注意力，引发其持续关注并连续阅读。

提到制造悬念，很多人第一时间想到悬疑小说。尽管悬疑小说是以制造悬念为主的故事题材，但实际上，悬念的营造几乎遍布所有的作品当中。即便是爱情、家庭等故事类型，甚至是自媒体文章和短视频的创作，同样也会用到悬念手法。作者都要遵照吸引力法则，利用悬念来吸引读者或观看者的注意力。

概括地说，在故事创作中，悬念无处不在。无数个大大小小的悬念被作者巧妙地安排在每一个章节、每一个剧情里，成为吸引观众阅读和观看的“痒点”，让读者和观众在不知不觉中，一章接着一章、一集接着一集地看下去，直到结局。

其实，制造悬念也没有那么复杂，它是我们每个人与生俱来的本能。在生活中，我们时常很自然地制造出悬念。比如，女孩和闺蜜之间闲聊："你绝对想不到，运营部的那个帅哥跟谁在一起了？""你猜，我刚才在老板的办公室看到谁了？"类似这种常见的生活对话，其实就是人们无意中制造的小悬念。当你提出一个小问题，对方的好奇心就被提了起来，迫切地想知道这个问题的答案。

作为专业的作者，又该如何制造更高级的悬念呢？

让"问题"当上小队长

建立悬念的首要任务就是在故事中设计一些问题，再把这些问题任命为"小队长"，让它们带领故事情节，去完成一个又一个接力赛。

首先，整个故事也好，故事中一个独立的故事情节也好，都有一个核心的悬念，我们把这个悬念设置成一个问题。我们可以举一个职场情感类故事来说明：职场小白麦琪如何在竞争激烈的职场环境中，通过自己的努力和朋友的帮助，突破重重困难，最后获得了事业感情双丰收。

在故事开始，我们就要为这个故事设定一个最大的问题：没有背景、没有资历的女孩仅凭努力和正直，到底能不能坐上总裁的位置？这个大问题作为整个故事最大的悬念，从头贯穿到尾，是不容更改的。接下来，我们需要把这个大问题拆分成一个又一个小问题。

在第 1 章中，麦琪是个傻白甜，第一天上班她就无意中惹怒了最不好惹的女主管，遇到了职场生涯的第一个挑战。她会被针对或者被辞退吗？让这个小问题成为第一个故事情节的小队长，它会带领读者去寻找答案。我们需要在第一个情节中为麦琪设置障碍，让她先惹怒女主管，面临第一天上班就被辞退的风险，然后再帮她解决问题或是把她推到更难堪的处境当中去。

在第 2 章中，麦琪卷入了一场公司的中层内斗中，成为被栽赃陷害的第一人选。问题来了，当发现自己成了被诬陷的“背锅侠”时，她该怎么解开这个误会？第二个“小队长”出现了，它同样要接替第一任小队长，带领读者继续往前走，去探索故事的情节发展。当然，到了故事的中段，每个章节可能不是一个“问题队长”能够带领的了。你可能要设置多个“问题队长”，在一个章节中用多个问题进行引导。例如，麦琪和同伴加班加点完成了一个重要的项目，隔天就发现办公室电脑出现了故障，项目资料全毁了。她在不用 PPT 的情况下凭借记忆成功救场之后，能查出是谁在捣鬼吗？公司领导会相信她吗？查明真相后，她会报复对方吗？

即使在一个章节里出现了多个问题，这些问题也要环环相扣且逻辑相连。就像推倒了多米诺骨牌一样，一个又一个问题，一任又一任小队长带领着读者体验了麦琪遇到的各种难关和职场问题，以及艰难的爱情和事业的抉择，直到整个故事的结尾。

关键时刻的停顿

关键时刻的停顿能够极大地吊起读者的胃口，这种利用悬而未决的事情引发读者好奇心，来吸引读者阅读的方法，可以说有着非常久远的历史渊源。古代的说书人就非常善于运用关键时刻的停顿，如“欲知后事如何，且听下回分解”这一句就是用来吊住听众和读者最好的工具。

在现代的故事创作体系中，无论是小说、电视剧、电影还是综艺节目，利用关键时刻的停顿来制造悬念的场景比比皆是。例如，在电视剧中，当一个关键角色遇到了生死攸关的危险时，往往就是这一集结束的时候。在小说中，主角经过重重困难终于找到了一个重要线索，就在读者迫切地想要读下去的时候，这一章却结束了。在综艺选秀节目中，当评委决定在两个选手中选择一个淘汰的时候，插播广告的时间就到了。在和朋友的聊天中，朋友可能刚给你透露了一个小秘密的开端之后，却又说“算了，我还是不说了”。

尽管这种感觉有时候让我们感到深恶痛绝，但在故事的创作中，合理地利用短暂的停顿来勾起读者的好奇心却是屡试不爽的好方法。在小说写作中，在一个章节结束的时候适当地制造一些小悬念的方式，叫作“断章”。断章在网络小说的写作中尤为重要。网络小说是每日更新，如果作者不在当天更新的章节中留下悬念，很可能读者第二天就忘记了追更。实体小说对每个章节结尾处的悬念需求反而没有那么迫切，毕竟实体书一般都是读者已经买回家的全本书，所以只要控制好整体的故事节奏就可以了。

需要注意的是，无论哪种载体，在故事中利用关键时刻的停顿来制造悬念的前提条件就是我们需要把主角逼入绝境。主角的危险时刻往往是读者最在意、最关心的时刻，在此时设置悬念，无疑会让读者的好奇心指数达到顶峰。但在下一个章节中，我们必须很好地解决这个问题，让主角在险境中合情合理地逃脱出来。例如，在一个盗墓场景中，主角的后面有僵尸拼命地追赶，前面又有大量的毒蛇堵住了去路，他必须在瞬间想到保命的方式。

这种突如其来的、必须在瞬间解决的巨大危机，也是能够引发最多关注的时候，是设置悬念的最佳时机，此时进行断章是合情合理的。很多作者担心给人物设置的危机太过严重，导致他无论如何都不可能在瞬间想到好的解决方案，那该怎么办呢？

事实上，尽管书中或剧中的人物必须在顷刻间想到逃脱危险的方法，但作者可以花较长的时间来思考破解之法。如果作者也想不到办法，那就往回追溯，在前面的某个地方巧妙地加入一些伏笔和道具。例如，在刚刚的例子里，在古墓中主角后有僵尸追赶，前有毒蛇埋伏，这时他灵机一动，突然想起自己身上还有一道符，于是就咬牙壮着胆子回头拍在了僵尸的脑门上。

像这样临时用某种道具做出的解决方案，必须在前面的情节中进行铺垫。例如，在下墓之前他曾经遇到过一个算命先生，给了他一张道符，而他当时只觉得这人是个骗子，根本没把这件事放在心上。没想到那张道符在这里派上了用场，还能救自己一命。

总之，为了设置悬念，制造紧张感，我们可以在前面加入一些铺垫——加入让读者感觉不太重要但又略有印象的线索。在之后的情节中，当遇到危机突然拿出来使用的时候，读者才会明白前后的关系，还会佩服你的布局精巧，正所谓草蛇灰线，伏脉千里。

学会和读者一起玩“盲人摸象”

悬念就是控制信息释放的节奏。作者能够看到一头完整的“大象”，知道自己书中所有的信息，但不能一股脑儿全部告诉读者，你需要有节制、有计划、有技巧地进行叙述。释放信息的快慢、多少都会成为制造悬疑的重要方法。就像和读者玩盲人摸象的游戏，唯一不同的是你是一个“作弊者”，眼睛上没有蒙黑布，并且这头大象是你制造出来的，你对它极为熟悉，而读者则是第一次摸。

你需要巧妙地规划。先让读者摸到大家的哪个部位？释放多少信息？哪些信息要让主角知道？哪些要让配角掌握？而哪些信息是被对手隐藏了的？从心理学角度来看，一个人对某件事一知半解的时候是其好奇心最旺盛的时候。

因此，我们需要把所有的信息都切割成无数个小碎片，每个碎片都包含了一定的信息量，让读者根据掌握的信息量进行推测。这种方法在推理、探案类的小说里尤其常见。

通常，我们会按照以下次序来玩这个盲人摸象的游戏。

第一步：释放信息

我们在开篇需要给予读者较大的信息量，先让读者摸摸大象的身体，对故事有一个大概的印象。开篇如果信息量太少，会让读者不知所措，陷入云山雾罩中，失去游戏的乐趣。

第二步：释放假象

为了增加这场智力游戏的可玩性，我们不仅要控制信息释放的数量和节奏，还要有意识地“造假”，导致角色开始怀疑自己的判断，以达到干扰角色，让他误入歧途的目的。

这种误导会让角色带领读者一同走到一个错误的假设里，去追求一个错误的结果；同样，这样做也是为了让最终的答案更加迷离，进一步勾起读者的好奇心。

第三步：控制能力

为了增加故事的悬念，我们只从信息“大象”本身下手还远远不够，还需要进一步限制角色的能力，不能让一个角色知道所有的信息。角色必须有各自的判断，甚至可以出现相反的论调。例如，几个人同时拿到了一张加密藏宝地图，有人认为，这个必须按照中国的五行之说来破译才能找到答案；也有人认为，这需要结合中国的十二生肖才能找到宝藏；更有人认为，这需要运用风水理论才能勘破。

总之，不同的人朝着不同的方向去努力，甚至互相干扰，这样就能产生更多的矛盾和冲突，悬念会更加强烈。这就好比几个侦探同时侦破一个案件，每个人掌握的资料都不一样，所调查的方向也会截然不同。

第四步：收集归纳

相对来说，这一部分比较容易，我们需要把所有的线索碎片放在不同的地方和不同的人物身上，主角要逐个收集。主角在收集的过程中，场景不停地变换，他要和不同的人接触，产生一个又一个冲突。玩过剧情类游戏的朋友应该非常熟悉这个套路，游戏角色往往需要找到一个 NPC[①]，想从他嘴里得到消息，必须要拿另一个东西来交换，这就需要游戏角色去做设置好的任务。

第五步：逐个排查

当主角获得了所有的信息碎片或者线索时，还需要和读者一同进行筛选，对杂乱无章的线索进行组合排序，找到最后的真相。

很多推理、悬疑类的小说和电影都会在案情揭晓之前，让角色多次误入歧途或者进入死胡同，得出几个错误的结论，甚至因为判

① NPC 是 non-player character 的缩写，是游戏中的一种角色类型，意思是非玩家角色。

断失误危及自己的生命，最后才能绝处逢生，真相大白。

小结

本章主要讲了小说作者和编剧制造悬念的方法。

1. 在整个剧本的每个环节里，都要设置小问题，让问题带领读者读完故事。
2. 利用断章法制造悬念，先将角色逼入绝境，再突然结束，在下一章中给出答案。
3. 利用盲人摸象的方式，巧妙地规划信息的释放量，以控制读者的阅读情绪。

13 如何把台词和对话写出高级感

对话在故事中承担着推进故事情节发展、表现人物性格特征、提供更多细节信息等作用，是故事创作中重要的一环。但在实际创作中，很多新手作者往往会忽略对话的重要性。原因在于，对话在我们的日常生活中太常见了，每个人每天都要与别人沟通。因此，很多作者认为，创作故事中的对话根本不需要学习和练习。他们认为按照生活中对话的场景去想象创作就可以了，并且还萌生了一种真实还原生活的幻觉。事实上，作者必须清晰地区分什么是生活对话，什么是故事对话，以及二者的区别，以免在创作故事对话的时候，陷入生活对话的误区。

生活中的对话往往因为建立在真实的场景中，因此对话中会忽略主语，而且内容琐碎、冗长、重复。例如：

“一个星期了，他还是没有联系我。快帮我查查他的朋友圈里有没有女人。”

“哎哟，破纪录了啊。你是不是又开始作了？”

“什么啊，不是我的错好不好，你是我闺蜜，要和我站在同一战线。”

“行了，我还不了解你，再作下去，他被人抢走了，我看你怎么办。”

“他没那个本事，你带湿纸巾了没有？”

“哦，有。昨天超市买的。你猜我碰见谁了？”

“我咋可能猜得到嘛，你前男友吗？”

“你真是太神了，真是他。还带了个女的，长得真是不敢恭维。”

“雁雁，他要真跟我分手了，我怎么办啊？”

“哈，欢迎加入单身狗联盟，中午吃啥？”

“不知道，虾或者汤锅都可以。你说他是不是真的出轨了？”

“人家没你想得那么糟糕，你还是多总结一下自己的问题吧！”

这是两个闺蜜之间的闲聊片段，从中我们可以看出，在生活对话中，对于已知的主体，两个人很少提及姓名，而且对话缺乏逻辑感，跳跃性较大。这种对话最大的问题是对话往往没明确的目的。在故事创作中，如果我们写一段对话，就要有明确的目的，也就是说在创作对话的时候，作者对这段对话是有着明确期许和规划的。这段对话是用来表现角色性格、推进情节的，还是用来隐晦地表达更多的私密信息的？抑或只是用来表达一种情绪或者氛围的？总之，作者不应该创作出一段毫无意义的对话。

在生活中，这种无明显目的性的话或者说“口水话”实际上很常见。以上面的例子而言，我们即便刻意在其中寻找目的性和推动故事的发展，也只能勉强解读为：一个女生的感情出了点问题，想寻求闺蜜的安慰，但对方似乎并不在意，两个人接下来打算去吃个中午饭。

作者应该在日常生活对话的基础上，对故事对话加以优化，使之更简洁有用，并且言之有物。除非作者为营造出两个人无聊透顶的生活场景而刻意为之，否则太过生活化的语言会让故事变得毫无趣味。我们把上面的例子进行优化，用故事对话的方式重新整理一下，就得到了以下对话：

“小然，快帮我看一下沈鑫的朋友圈，”佳琪瞄了一眼放在桌角的手机，“他已经一个礼拜没跟我联系了。”

“哎哟，破纪录了啊，”李然一边飞快滑动着手机，一边笑着调侃闺蜜，“我劝你别老犯公主病了，成吗？”

“喂！”佳琪不满地敲了敲咖啡杯，“你怎么总认为是我的错，你是我的闺蜜好不好？”

“就因为我是你闺蜜，才知道没几个男人受得了你的臭脾气。”李然翻了个白眼，继续摆弄手机。

“行了，别废话了，中午请你吃饭。快帮我看看他朋友圈有没有什么情况。”

李然突然把手机倒扣在桌上，发出“啪”的一声脆响，说道：“董佳琪，我是你闺蜜，但不是你的垃圾桶和情报员，中午我还有事，吃饭就免了。”

“还有……”她站起来把背包的带子整理好，“沈鑫没你想得那么不堪，你最好还是先检讨一下自己，不然他被人抢走是迟早的事。”

“李然，你什么意思?”董佳琪站了起来，“谁要抢走他?是你吗?”

李然蹙额看着她，突然笑了起来：“也不排除这种可能性。不过，对于你这种不懂珍惜和尊重别人的大小姐来说，这些都跟你没关系了。懂吗?”

通过优化整理之后，这段对话明显会变得更有功能性，并且释放了更多的信息量。即便在没有前文和后续的情况下，我们依然能够知道这是一个发生在咖啡店里的故事场景。两个性格截然不同的女生因为观念不同产生了冲突，最后两人之间的矛盾也势必会因为“沈鑫”的存在而进一步走向爆发。

除了区分生活对话和故事对话，对话的创作实际上还有很多值得注意的地方。大体来说，我们需要了解和掌握以下几点。

什么样的人说什么样的话

语言时常带有强烈的个人色彩，一个人的表达习惯受到其生长环境、教育环境、社会环境和自身性格的影响，会形成自己独一无二的语言风格。

在故事创作中，对话应该遵循的最基本法则就是至少角色说出的对话是符合个人身份特征的，也就是我们生活中常说的“什么样的人说什么样的话”，或者“三句话不离本行”。

比如，官员在说话的时候总是会不知不觉打官腔；教师在说话的时候总是无意中就开始了说教；而地痞混混说话则不自觉地会夹带一些脏话。你能从下面这段对话中识别出角色的身份吗？

> 噫，老天爷，你咋能冤枉俺嘞。俺没偷你手机，俺儿子在镇上教书，俺儿媳妇在城里做生意，俺家不缺手机，真没偷你的手机啊。当着这么多人的面冤枉俺，让俺咋活啊……

是不是光凭这段话，你就能判断出这是一位农村的老妇人？当然，这是建立在常规人物标签下的一般情况。如果我们想塑造出强烈的反差性人物，就需要另外在人物的性格和职业上进行对比，然后创作出属于角色的独特的对话风格。比如，我们可以想象一下：一个拳击教练浑身肌肉、五大三粗，性格却特别娘炮，这样的人在打麻将的时候是怎么说话的？是不是捏着麻将犹豫了半天，才翘着兰花指轻轻地把牌放在中央，轻柔地说一声“我出幺鸡，可别给人家点炮哦”。

因此，我们在写完对话之后，一定要自己念一念，看看是否符合角色的年龄、身份和性格。即便是在古代，在自我介绍的时候，也不是所有的女性都会说“小女子是 ×××”，她有可能会说“老娘就是 ×××”。作者要根据角色的实际情况区别对待，这取决于作者要塑造一个什么样的角色。

别做自我介绍，要让他人搭桥

有时，我们需要对出场角色做一个详细的介绍。如果想走捷径，就很容易写成：“他是一个二十多岁的上班族，别看他长相一般，却非常有女人缘……”这样写不是不可以，而是容易写成说明文，毕竟我们创作的是故事，而不是人物简历。要把一个角色的情况介绍给读者，还有另一种方式可以用，就是通过他人的对话来体现。

“看到新来的设计师了吗？”

“上午来过一趟，太年轻了吧，怕只有二十多岁吧？”

“嘿，别看他其貌不扬，听说是个撩妹高手，在原单位跟好多女人都有一腿呢，你可要小心点哦。”

“啊？你是HR，怎么招这样的人进来啊？”

“没办法，人家履历好看，又有领导推荐。”

还有更简单的方法，可以让另一个人说：

“看他的作品，还以为他是个资深的老设计师，没想到还那么年轻……”

这种通过他人对话或者视角来描写另一个人的方法不同于枯燥的说明书写法，又能将人物特点巧妙地融入另一段对话当中，使用得当还能起到推动故事发展的作用。作者一定要熟练掌握这个方法。

说一半留一半，对话不要太浅白

即便灵感来源于真实的生活，作者也需要在创作的时候格外注意，要在真实世界的基础上进行适当美化或者夸张。无论是文字作品还是影视作品，一旦把真实的生活变成故事，就一定会加上一层

"艺术滤镜"，除非是纪录片或者新闻写作。

基于以上创作理念，对话作为故事创作的一部分，同样要遵照这样的规律。因此，我们在创作的对话不能总像现实生活中那样浅白，要把对话稍微做一些润色加工。这样，读者阅读的时候稍微在脑子里回旋一下，加工一下，之后就能得出自己的理解。

我们来阅读一下下面这两段台词，来感受一下它们的区别。

一位皇帝站在窗前，看着外面生机盎然的春日景色，突然想起了一个被自己打入冷宫的妃子。皇帝想去探望她又有点拉不下面子，于是便和太监有了以下对话。

第一种写法

皇帝：朕现在想想，辰妃可能是被别的嫔妃诬陷了，朕想去看看她。

太监：是是是，辰妃身体不好，您快去看看吧。

皇帝：辰妃因为被打入冷宫，一定还在记恨我。

太监：夫妻哪有隔夜仇，都一个冬天了，辰妃心宽，早就不记恨您了。

第二种写法：

皇帝：你看这满园春色，争奇斗艳，只有那珍珠梅细碎素白，与世无争，像极了毫无心机的辰妃。

太监：是啊，珍珠梅娇弱，如今天气转暖，陛下若是放心不下，可是想去看望？

皇帝：虽然天气乍暖，但冰雪还未消融，可能时机未到。

太监：陛下，春天都来了，又有什么冰雪不能融化的呢？

这两种台词的写法，第一种较为口语化，尽管意思表达得很清楚，但总感觉过于浅白，一眼扫过去乏善可陈。第二种在对话中用潜台词的方式，借用眼前的景色、花卉、季节，巧妙地表达了两个人的想法，又非常符合人物的身份地位，在层次感和深度方面比第一种要更好一些。

要想让台词不那么直白，最常用的就是隐喻、潜台词或者话只说一半。其实并非只有位高权重的政治家或者善于使用阴谋诡计的人才会用到潜台词，在真实生活中，我们也时常听到人们在对话中有意无意地使用这些对话技巧。

例如，两位职场女性在茶水间的闲聊：

A：听说了吗？刘安琪下个月就要升职了呢。

B：那可不，人家能力强呗，尤其是那种能力……

尽管台词中没有明说“那种能力”指的是什么，但相信大部分读者都能明白，B 说的话绝非对同事升职的祝福，而是充满了恶意的嫉妒。

另外，潜台词还有一种写法，就是利用比喻和类比，把自己想要表达的意思用移花接木的方式融入对话当中。例如，下面两个黑帮老大在饭桌上的一场谈话就是如此。

A：昆爷，您虽说上了岁数，胃口可不减当年啊。

B：湾仔，年轻人别老盯着别人的饭碗，自己的食，要凭本事搞啊。

A：多谢昆爷指点，不过，兔子饿极了可是要咬人的。

B：哈哈哈，你不说我差点没想到，好久没吃波澜湾的辣子兔丁了，改天我请你啊？

从这段对话来看，两个黑帮老大实际上是在争地盘，但是他们把地盘比作了饭碗。两个人相互的威胁也依然沿用食物类比，让读者在阅读的时候，感觉既贴合饭桌谈判的场景，又巧妙地表达了两个人的意思。潜台词最大的好处就是让读者在阅读的时候有了更多的参与感。当读者能够读出对话中的潜台词时，会有一种成功破解密码后的成就感。除此以外，它还能够起到聚拢读者注意力的作用，所以一定要好好掌握，熟练地运用到故事创作中。

其他的对话小技巧

巧用金句增加作品深度

金句就是文中简短有力、能让人印象深刻的重要句子。金句有时候会单独出现，有时候会利用人物的对话表达出来。当你看到下面这些句子，会想起什么？“我命由我不由天……”“曾经有一份真挚的爱情摆在我的面前……”“婚姻就像一座围城，外面的人想进来，里面的人想出去……”是不是马上就能联想到它所对应的影视或文学作品？即便时隔很久，具体的故事情节你已经忘记，但这些作品中的金句却被广泛地流传了下来，这就是金句的力量。

金句不仅能够在故事中起到阶段性点题的作用，还能够给读者留下深刻的印象，令其久久不能忘怀。同时，金句也能让作品显得更有深度，所以也是对话创作中值得花功夫练习的地方。

善用口头禅突出人物性格

人物性格会塑造出独特的表达方式，而具有个性的表达方式又会进一步突出人物的性格特征。口头禅就是一个简单的小技巧，能够让角色在故事的众多人物中更有辨识度，也更能凸显出人物的独特性格。

给角色设置口头禅要符合人物的身份和性格，比如，“不要你觉得，我要我觉得”，这句口头禅明显更适合性格霸道、身份地位较高的总裁人设，而如果是一个实习生或者快递员角色，用这种蛮不讲理的口头禅就会显得非常违和，甚至会让读者感觉非常出戏。当然，如果你想塑造的角色本身就是一个无法看清自己、又具有强烈反差的人物，还是可以一试的。

利用隐藏式对话增强故事悬念

隐藏式对话指的是在故事进行的过程中，当作者需要对某些线索进行隐藏的时候采用的一种对话方式。常见的创作形式有两种：岔开话题和打擦边球。

在故事情节涉及关键线索的时候，不仅故事中的角色会对这个问题或者线索感到好奇，读者同样也会感到好奇。在这种情况下，作者不能过早地放出真相，于是就需要角色在对话中闪烁其词或者岔开话题，跳过这个关键线索，留下一个模棱两可的答案，继续推动故事朝着另一个方向前进。例如，一个货车司机帮熟客拉货，但与平常不同的是，这次拉货时间选择在了凌晨两点，而且是在一个古宅墙外，一帮人鬼鬼祟祟地把蒙得严严实实的货物搬上了货车。货车司机感到有些不对劲，就问熟客："今晚拉的是什么东西？"熟客递给他一支烟，笑了笑："你儿子的学费凑齐了吗？没有的话，我先帮你垫上。"

像这种岔开话题的对话，一来会留下小悬念，二来可以暗示读者这个人一定刻意隐瞒了什么。读者在这个地方会形成一个记忆点，以便在后面的故事情节中验证自己的猜测。

如果说岔开话题的对话是为了跳过线索，那么擦边球的方式则是一种误导。看似回答了对方，但因理解不同，其实是把对方带入了歧途，将人物或情节带向了一个错误的方向。例如：

> "3 月 12 日晚上，你是不是看见一个男人在金运路小学门口领走了一个女孩？"
>
> "没有，我没有看见男人领走女孩。"

其实，被询问的这个人确实看到有人领走了女孩，但不是男人，而是一个女人。因此，他用这种擦边球的方式做出了回答，这个回答基于人物本身的角度是没有问题的，他确实没有看到男人领走女孩。在不想给出正确答案但又不得不回答问题的时候，一个看似正确的答案会把询问者带到沟里，让对方继续朝着错误的方向去寻找真相。当然，这正是作者想要看到的结果。

小结

精彩的对话创作需要用到以下技巧。

1. 什么样的人说什么样的话，对话要符合人物的身份和性格。

2. 有些话自己不方便说，那就借用其他角色的对话来表达。
3. 利用潜台词，提高对话深度。对话太直白的话，阅读体验会降低。
4. 记下你那些灵光乍现的“金句”，它会让作品在某个时刻闪闪发光。
5. 有时候，一句口头禅能让角色跃然纸上。
6. 我知道答案，但我就是不好好说话，故意增加故事的复杂度。

14 场景搭建的技巧

故事是由一个又一个的场景组合而成的，可以说，如果我们学会了用互相关联的场景组装成完整的故事，那我们就学会了如何创作故事。但这还不够，我们需要让其中一些场景在读者脑海里产生了深刻的印象。而要创作好的场景，就需要在其中添加强烈的情感元素，比如催人泪下的感人场景、扣人心弦的紧张场景、令人害怕的恐怖场景以及大快人心的复仇场景。

尤其在故事的中段，由于矛盾冲突不断出现，按道理应该会出现主角遭遇危险、与坏人对峙、独自冒险等令读者感到紧张的场景，但新手作者时常会因为笔力和技巧的缺失，白白浪费掉这些让读者产生深刻印象的大好时机，而把这些具有强烈冲突的场景变得平淡如水。

如何让场景变得紧张、恐怖呢？这实际上和数学题一样，是有简便的解决方案的。

烘托紧张氛围，增加失败代价

人的紧张感实际上来源于失去了对一件事情的掌控。当某件事脱离了自己预想的轨道时，人就会感到紧张和焦虑。也就是说，每个人都有自己在乎的事情和害怕失去的东西，当这两件事遭遇到了威胁，紧张感便会随之出现。

我们在创作过程中需要问问自己，角色最担心的是什么事情，最在乎的是什么人，以及最害怕的是什么事。这是我们烘托紧张氛围的一个大前提，明白了主角的恐惧或紧张的来源，我们只需要增加他失败的代价就可以了。

在现实世界中，最大的代价是死亡；而在故事的世界中，死亡代表的并不一定是生命的消逝，更有可能是心理上的死亡、职业生涯的死亡、信任感的死亡或者价值感的死亡。例如，在某推理悬疑类小说中，男主角是个不被信任、濒临被解雇的警察。当他自己推理的线索不被采纳时，他决定只身前往一家废弃的医院进行调查。在远离市区、荒无人烟的废弃医院里，有幽暗恐怖的走廊、带血的病床、墙上诡异的图案、不时传来的窸窸窣窣的声音，以及可能会突然窜出然后置他于死地的残忍暴徒。环境和潜在的危险都能营造出一个充满紧张感和悬疑氛围的场景。

在这个以职业生涯和生命死亡为双重代价的场景中，紧张感比较容易被营造出来，因为角色需要付出的代价是极大的。但并非每个场景都需要把角色置于死地才能营造出紧张感，事实上，紧张感几乎存在于所有题材的故事中。

例如，在某都市爱情小说中，女主角是一个极其重视婚姻的完美主义者。她在自己梦寐以求的婚礼当天，却弄丢了新郎给她准备好的婚戒。此时，眼看迎亲的队伍已经快到楼下了，她却还在家里翻箱倒柜地寻找那枚丢失的戒指。

寻找戒指的过程困难重重，她可能被母亲的突然闯入打断，可能需要够到衣柜最高处的行李箱，还可能被自己弄乱的化妆品瓶绊倒。就在她终于找到戒指的一瞬间，家里的哈士奇扑了上来，戒指又滚落在地，消失在凌乱不堪的房间里……

尽管只是找一枚婚戒，但也能通过对女主角的性格塑造、迎亲婚车的不断逼近、角色想象中的严重后果和房间里的一系列小障碍来营造紧张感。结合前面所讲，在这个场景中，女主角失败的代价就是婚礼变得不完美了，尽管这只存在于她自己的想象中。

由此可以看出，提高角色需要付出的代价是增强紧张感的好方法。所谓的代价无非就是角色害怕发生的事情。假如一个角色一心求死，本身无所畏惧，紧张感自然也就难以建立起来。就像在战场上，一个战士穿梭在枪林弹雨之中，本身处于极度危险的境地，就会引发读者强烈的关心和紧张感。如果把这个战士换成刀枪不入的钢铁侠，子弹和炮弹本身对他造成不了任何伤害，那么紧张感就无从谈起。因为读者知道他即便在激烈交火的战场上，也胜似闲庭信步，毫无危险可言。

角色害怕什么？什么才是他真正在乎的事情？什么是他担心付出的代价？这一般来源于三个方面：故事情节刻意营造出的代价；来源于角色性格本身；社会层面赋予的。

一个外卖小哥在送餐过程中发现客户死在了家中，慌乱中他在案发现场留下了自己的痕迹，因此被警方误认为是杀人凶手。这就是利用情节的设置给角色强加的代价。这种情节的设置只要是合情合理的，同样也会成为角色需要付出的代价，它会像命运一样纠缠着角色，逼迫他不停地采取行动，不然就会被当成真正的杀人犯，付出极大的代价。

一个年轻人看起来精力充沛、活力四射，却有严重的恐高症。在一个场景中，他需要爬到几十米的高空去救一个悬挂在阳台外的孩子。由于角色的性格设定或者身体缺陷，这个场景变得比普通场景更为紧张，这就是利用角色本身的弱点来设置代价的作用。

一个出身卑微的男子为了见到自己心仪的女孩，冒着生命危险进入富人区。一对在国外一见钟情的情侣，情到深处之后突然发现两人的家庭分别信仰不同的宗教；更可怕的是，这两个宗教是相互对立的。这些来自社会文化、体制方面的桎梏同样也会成为角色必须付出的代价，而这些代价最终将造成一系列困难重重的问题，等待着角色们去一一克服。

拉长紧张感，让气氛更紧张

无论如何，当我们找到了角色害怕的真正源头，提高了他们需要付出的代价时，那么就完成了制造紧张感的第一步。

接下来，我们需要把这个代价放在情节当中，让它发酵、膨胀、延长，让紧张的情绪持续得更久一些。

在阅读过程中，读者的情绪需要递进，这就需要我们把紧张的场景拉长，好给读者一些时间沉浸在书中。关于如何将紧张和恐惧时刻拉长，无论是小说还是影视作品，作者们几乎是八仙过海，各显神通。

在日本动画神作《灌篮高手》中，每当球员投出关键的一球，镜头就会先扫过整个体育馆，时间就像停止了一样，所有的观众都伸长了脖子，瞪大了眼睛，等待着篮球入网。有时候，镜头也会扫到一些关键性人物，比如双方教练、队友或者前来挖掘新人的球探的脸上，用他们惊讶的表情或解说来进一步增强这一球的关键性，让观众紧张的情绪持续蔓延。

最关键的是，被投出的篮球会以慢镜头的方式逐渐在空中划出一个抛物线。在此过程中，时常还会插入球员的一些回忆，比如为了赢得比赛，他们和队友们一起经历过的那些艰苦的体能训练等，以此渲染情绪。这种时常在关键时刻插入的回忆被动漫爱好者称为“回忆杀”，是他们又爱又恨的一种影视表现手法。加入丰富的闪回画面和煽情的回忆就是为了把原本短暂的紧张时刻拉长，以凸显这一进球的重要性。同时，它还能加强观众因这一球而产生的期待感和紧张感。

不只是动漫，我们也时常能够在一些惊悚悬疑或动作类影视作品中看到相似的一幕。

比如，拆弹专家要拆除一个安装在写字楼里的定时炸弹，计时器上显示的时间是 45 秒，按照拆弹专家的判断，这个时间完全可以安全拆除炸弹。但当他小心翼翼地打开炸弹外壳、看到内部结构的时候，表情大变，这个炸弹内部结构异常复杂。

此时，他的脸上出现了细密的汗珠，面对凌乱的红黄蓝黑各种排线，他感到无从下手。时间一分一秒地过去，镜头切换到远处的警方同事，大家表情凝重，焦急地等待着。

终于，他鼓起勇气切断了一根红线，炸弹计时器上的数字停了下来，定格在 15 秒。正当所有人都欢呼雀跃、击掌相庆的时候，拆弹专家突然发现计时器又开始倒计时，第一次尝试失败了。时间仅剩 10 秒，警队通过对讲机告知拆弹专家，要求他迅速撤退。但他却无动于衷，陷入了回忆中。

他想起了自己刚入行的时候曾经犯过一个错误，导致他的导师牺牲了，他也因此消沉了许久。那一次的炸弹排布和今天遇到的情况极为类似，炸弹可能是同一个人制作的，但所有的炸弹引线似乎与上次的排布完全相反。

他回头看了一眼人群中自己的未婚妻，脑海中又想起了自己对她的承诺。此时，时间已经所剩无几，他必须马上做出决策，在黄蓝黑三种排线中剪断正确的一根，而且机会只有一次。

我们看到过很多类似这样的紧张场景，它们大都有一个共同的特征。如果去掉一切表面情节，只提取核心元素，就会发现，制造紧张感的两大要素就是：慢镜头呈现和丰富的镜头切换。对应到文字小说的创作中，那就是延长紧张时间和交叉叙述。

延长紧张时间

虽然定时炸弹的倒计时只剩下了 10 秒钟，但我们却可以在此期间对整个场景进行渲染，通过对主角的心理描写、台词解读、环境叙述、细节呈现等，多方位、多角度地去刻画和烘托紧张的氛围。

心理描写是不受情节时间限制的一种创作方式。尽管时间只是一瞬间，但心理时间却可以过去很久。刻画角色心理上承受的压力，也能恰如其分地呈现现实中的紧张和压迫感。

例如，一位年轻有为的集团公司高管因和下属的妻子偷情被发现。那个下属此时就站在他的透明办公室里，手里拿着证据要向他讨个公道，并要挟要公布这件丑事。

> 朴俊勇站在宽大的办公桌后面，用拳头支撑着身体，努力不让自己看起来很脆弱。此时的他腿脚发软，胃里一阵绞痛。
>
> 怎么会是他呢？那样漂亮的女人，怎么会是眼前这家伙的妻子呢？为什么她从来都没有提到过这件事？
>
> 但现在不是想这个的时候，自己多年来一直经营着努力、上进的良好人设，集团老总对自己青睐有加，此时又是高层领导博弈的重要时刻，如果这件事暴露了，不仅自己升职无望，整个集团公司会怎么看待自己？一个睡了自己下属老婆的领导是会被所有人唾弃的。
>
> 朴俊勇想到这里，太阳穴突突地跳着，喉咙似乎被人勒紧了一样呼吸困难。眼前这个男人一副胜券在握的样子，他恐怕觉得自己已经赢定了吧。
>
> 不，怎么可以输给这个月薪只有 2 万韩元的家伙！必须杀了他才行！

在等待一句对话的空隙，用心理活动来填充内容，一方面可以清晰地表达角色的心理活动和转变过程，另一方面也能将两个人对峙的紧张感持续延长。这是一个极为简单有效的创作方式。

交叉叙述，紧张感爆棚

前面两个从影视作品中找出的案例，无论是《灌篮高手》中的投球画面，还是拆弹专家排爆的场景，我们可以看出中间都有大量的镜头切换，包括观众的视角、旁观者的解读、简短的台词、满脸冷汗的特写，等等。将这些元素运用到小说创作中，同样可以实现丰富多元的表现方式，那就是交叉叙述。我们可以灵活运用叙述、动作、心理活动、台词这四大元素，通过交叉描写来叠加紧张感，使场景更富张力。

例如，加班到深夜的女白领，在空荡的地下停车场，遭到了一个变态老头的袭击。

（叙述）宋琪揉了揉酸胀的眼睛，从电梯里走了出来，地下停车场沉闷污浊的空气让她的脑子更加昏沉。

（动作）她踩着黑色的高跟鞋，走在空无一人的负二层停车场，（叙述）空荡而略带回音的脚步声让她略微清醒了一些。

（台词）“好恐怖，以后一定不搞到这么晚了。”宋琪自言自语，似乎是在给自己加油打气。

（动作）猛然间，停车场的立柱后闪出一个高瘦的老头，伸手挡住了她的去路。

（台词）“姑娘，等等我。”

（叙述）老头五六十岁的样子，肤色晦暗，眯着的眼睛和脸上的皱纹堆叠在一起，显现出一种令人毛骨悚然的笑容。

（动作）宋琪被突然冒出的老头吓了一跳，下意识地捂住了胸口。（心理活动）这人是谁？从哪里过来的？难道一直藏在柱子后面吗？

（台词）“走开，我不认识你！”（动作）宋琪皱着眉头，努力做出一副不好惹的样子，但却下意识地退了两步。

（台词）“别害怕，小姑娘。我就想和你聊聊。”（动作）老头舔了舔干裂的嘴唇，目光一直在宋琪白皙的脖颈和胸口处打转。

（台词）“赶紧滚，不然我要喊人了！”

（心理活动）宋琪是真的开始害怕了，保安此时应该在一层的岗亭熟睡，自己的声音根本就传不出去。

（台词）“小乖乖，来……”

（动作）老头逼近，骨节粗大的手伸了过来，宋琪甚至能够看到他指甲缝里的污垢。

作者就是这样用交叉描写的方式，通过人物的动作、语言、心理活动逐步把一个场景进行细分拆解，用更多的细节进行填充，把紧张感逐渐营造出来。当然，在此之前，作者需要对人物和环境进行一定的铺垫，让读者有一个心理预期。

小结

要让一个场景内容饱满而又扣人心弦，一般而言，我们可以根据以下两点进行有目的的调整。

1. 烘托紧张的氛围，需要以增加失败代价作为杠杆。

角色在一个特定的场景下，失败后付出的代价越大，气氛就越紧张。

2. 紧张的情绪需要拉长，不能一掠而过。

紧张的情绪有一个逐步升温的过程，好不容易建立起来的文字氛围，需要持续一段时间才更有效。

在有旁观者的情况下，可以通过旁观者的描述和对白适当烘托紧张氛围，以刻画更紧张的场景感受。

15 制造观影般的临场感和画面感

“画面感”这个词汇不难理解，文字不同于漫画和影视作品，无法直接呈现画面。但作者凭借文字技巧，能够让读者在阅读文字的同时，在脑海中构建出鲜明的画面，产生观影般的爽快体验，这种感觉就是我们常说的“画面感极强”。

人们天生对动态画面更敏感，这就要求作者在写作时要利用一些独特的技巧创造出画面感，以此弥补文字静态的短板。

相信大多数人都有过这样的体验：在阅读一本小说的时候，完全沉浸在作者描绘的环境中，看得到画面，听得到声音，甚至闻得到味道，仿佛身临其境地感受着故事中的一切。

不仅如此，故事中的角色流畅的打斗动作，场面宏大的爆炸场面，甚至飘落在睫毛上的雪花，这一切似乎都在我们的大脑中纤毫毕现。尽管是读书，但我们却获得了观影般的体验。这就是技艺高超的小说家为我们创造出的一场由文字组成的“幻觉盛宴”。

在本章中，我们要由简入难学习增强文字画面感的三种写作技巧。经过实践之后，我们也能够写出如同电影般具有超强画面感的故事作品。

用读者熟悉的事物进行类比

为了让读者能够更贴切地感受到作者想要表达的含义，我们时常需要用到比喻句来传达思想。比喻牺牲了精准传达，将两种相似的事物进行链接。

为了尽量避免丢失信息，我们需要在描述的过程中尽可能使用读者熟悉的事物进行类比，并在其中加入更多的画面视觉，使读者在阅读时能够实时进行联想。

我们来看下面的三句话，仔细品味其中的不同之处：

1. 我的生命是残缺、坎坷的，同时也是不幸的；
2. 我的生命像一本装订拙劣的书，令人不忍卒读；
3. 这本沾满饭菜污渍的书，就像我的生命，散发着令人生厌的酸臭。

以上三句话尽管都是用来形容一段不堪的生命历程的，但却用了不同的描述手法。

第一句：我的生命是残缺的、坎坷的，同时也是不幸的。

点评：这句话虽然用了残缺、坎坷、不幸来形容生命，但无法带来直观的画面感受，只能传递出一个笼统的概念。无论是坎坷也好，不幸也罢，每个人对这些词汇的感受力不同，而且缺乏画面感，无法引发读者的强烈共鸣。

第二句：我的生命像一本装订拙劣的书，令人不忍卒读。

点评：将生命比作一本书非常贴切。书是人们熟悉的、时常接触的事物，容易引发读者的认同感。而形容生命如同装订拙劣的书则表现了对我的生命那种混乱不堪、颠倒错乱的伤感之情。将身边熟悉的事物和缥缈虚无的生命感受结合起来，令人印象深刻且过目不忘。

第三句：这本沾满饭菜污渍的书，就像我的生命，散发着令人生厌的酸臭。

点评：这一例句表达的含义更为强烈，“沾满饭菜污渍”强调了画面感，让人产生联想。“令人生厌的酸臭”则进一步刺激了读者的味觉，使读者形成了一种感受式的阅读体验。

从以上例句可以看出，文字甚至表达方式本身是没有绝对好坏之分的，同一个事物有多种多样的表述方式。我们需要在正确的场合和题材之下选用恰当的叙述方式。

在我看来，如果写的是散文，我会采用第一种表述方式，简洁明了的同时留有更多的想象空间。如果写的是新媒体文章，我会采用第二种表述方式，同样简单，但更具画面感。如果是创作小说，我会采用第三种写作手法，这种带有画面感和味觉刺激的语句，会让阅读体验变得更丰富，也更有沉浸感，并且很容易形成具有强烈的个人写作风格。

只呈现而不要叙述

在故事创作的过程中，我们需要尽可能避免那些直白的叙述，而改为呈现静止或动态的画面。无论环境描写还是人物行为的刻画，它们本身就带有一种情绪，能够让读者去加以解读，如果直接叙述，就会像说明文一样枯燥，无法撩拨读者的心绪。

人们最擅长的事情就是赋予一切事物意义，无论人们看见了什么，马上就会在心里赋予它不同的形象标签。比如，看到阳光，人们内心会主动赋予它明亮、开朗等标签；看到骏马，也自然会联想到草原、奔放等字眼，这些都是自然而然发生的事情。

作者明白这个心理机制之后，可以在事物身上做一些手脚。你将事物朝着你想表达的方向略做修改，完全就可以引发读者另外一种印象和情绪。比如，故事场景中出现了一个森林小屋，如果你写的是浪漫的爱情题材，只需要在文字中对这个森林小屋的外部加以修饰，呈现出一个整洁、干净，门口有清澈的小溪和吊床的环境，读者自然能够脑补出一个适合两个人休闲度假的美好小屋。

还是这个森林小屋，如果写的是恐怖悬疑题材，那么作者就需要把小屋的环境稍做修改。作者要把它描绘成一个破烂不堪、年久失修的小屋，甚至还有硕大的蜘蛛从小屋的门廊上垂下来，门口清澈的小溪和舒适的吊床当然也需要让道具组撤掉，更换成不知名动物的骨骸以及形象怪异的稻草人。直接把文字描述成为画面，而不要强调：这是一个阴森恐怖的森林小屋，主人公来到这里心里惊恐万分……

同理，人物的行为模式也是一样的。我们在生活中时常会遇到一种情况，就是尽管一个人什么话也没说，但你还是能从他的表情和动作上感受到对方的情绪，这是人类都有的共情能力。因此，作者无须过多阐述，可以改用动作、表情或者具体的行为让读者自己体会。

在电影《天下无贼》的结尾部分，王丽得知男友王薄的死讯时，正在火车的餐桌上，她全程没有说话，只是大口大口地往嘴里塞吃的，一边大口咀嚼一边泪如雨下。从头到尾，王丽没有一句台词表达她有多难过，也没有埋怨男友死了之后，怀孕的自己将是多么孤苦无依，但几乎每个看过电影的观众都能感受到她心里巨大的痛苦，以及她竭力想要装作镇定的那股子倔强。

因此，作者要尽可能把故事中那些笃定的、直白的叙述，转化成更有感染力的画面和行动，故事会因此变得更加生动、更有人情味。如“她感到十分难过，简直万念俱灰……”可以改为“她转过身去，把头靠在冰冷的墙壁上，双肩微微颤抖着……”

这种由文字转画面的技巧并不是现代创作者的发明，古人早就把它用到了炉火纯青的境界，我们随便找两个成语感受一下。

欢呼雀跃：把内心的喜悦和熟悉的鸟雀联系在了一起，极富画面感。

倒屣相迎：把对客人的期盼和内心激动的心情直接用动作呈现而非叙述。

向影视导演学习镜头的运用

影视是用流畅的画面代替文字讲故事的一种艺术形式，相比文字，它有诸多的先天优势。丰富的镜头语言能够引导观众把注意力聚焦在故事上，沉浸其中。

电影常用的镜头有全景、长景、中景、近景、特写等。故事画面就是将各种类型的镜头通过拼接剪辑而成的，一个个镜头连贯起来就能成为完整的故事。

这样看来，实际上电影在底层结构上和小说并无差别，只不过小说是通过文字呈现场景，而电影则依靠画面实现。如果想在故事创作中使故事场景更有画面感及动感，我们完全可以尝试融入一些镜头语言。

我们来看接下来的例文是如何从大全景推到人物中景，再拉近到人物的面部特写的。

大全景

暴雨将至。

似乎是感受到了低气压带来的不安感，一只夜鸦急速从云层俯冲而下。在它的双翼之下，是整座城市璀璨的夜景。

鳞次栉比的高楼大厦，蜿蜒迤逦的公路桥梁，车水马龙的车辆行人，无不被五颜六色的人造光源勾勒着，灿若星汉。

人类千万年叠积起来的高度文明和繁荣景象，也是让神佛为之惊叹的壮美画面。

以超宽视角呈现的大场面就是大全景。比如，从月球俯瞰地球、从天空俯瞰地面、从摩天大楼俯瞰城市。另外，沙漠、海洋、古战场、热带雨林等场景也在大全景之列。

从这个视角一般是看不到具体人物的，其目的是用震撼人心的大场景奠定故事基调，或交代故事发生的背景。我们经常会在电影开头看到大全景，一般采用航拍或俯拍的方式呈现。

全景

夜鸦穿过清冽的高空气流，直到鼻腔内传入了温暖浑浊的工业废气，它才压尾减速，落在了第五街区凌晨开业的酒吧灯牌上。

随即，倾盆大雨骤然来袭，密不透风的雨幕，把整条街道上的霓虹灯火晕染成了模糊的抽象派油画。

几盏昏黄的路灯，在雨水的冲刷下冒着白烟并嘶嘶作响，没有人愿意在这种鬼天气待在外面，除了路灯下的维克托。

完整的街头、广场、学校、社区等户外景象可以理解为全景，一般是来交代人物所处环境的。这些镜头或画面中，人物所处的位置和占比都很小，一般不会看到具体的长相。

中景

维克托穿着深色的套头运动衫，蹲坐在路灯下的长椅上一动不动，任凭地面温热的灰尘味道和暴雨包裹着自己。

中景可以被想象成舞台，主要作用是呈现环境和人物状态，比如，角色在客厅对话的场景，人物在寺庙里的打斗，一个人在教室学习的场景。

中景需要同时呈现人物和环境，让观众知道人物处在什么样的环境当中，人物一般也只呈现小腿以上的部分。相比全景，人物在画面中的比例会进一步放大，能够看清动作和表情。

特写

被雨淋湿的褐色刘海紧贴着他的脸颊，高耸的眉骨上有一处伤口，血和雨水在他棱角分明的脸上肆意纵横着。维克托似乎对这大雨毫不在意，只是皱紧眉头盯着街道的尽头，像在聆听大雨滴砸在兜帽上的声音，又像在等待一场更大的危机。

特写镜头的目的是强调。人物细微的表情变化、人物长相细节、关键性道具，都需要近距离的描写或画面特写来进行强调。对关键性道具进行特写，是为了提醒观众这个东西很重要。对人物表情进行特写，是为了让观众共情到人物的情绪或内心变化。而对出场人物相貌的特写，是为了让观众记住角色，自动进行人脸识别，以免在人物众多的故事中，分不清楚谁是谁。

例如，以我们的眼睛为摄像机，想象我们正站在一个繁华的商业广场上。我们目力所及之处，都是高楼林立的写字楼和熙熙攘攘的人流，此时我们的视野就相当于一个全景镜头，能够看到广场的全貌。

接着，我们走到星巴克店里，迎面遇到一个端着咖啡的女孩。我们能够看到这个女孩的全貌以及咖啡店内部的装潢和氛围，也能够闻到咖啡的香味，这就是中景或近景。

紧接着，我们把目光聚焦在了女孩的手上，她的手指白皙纤细，中指上带着一枚粉色的水钻戒指，在店里灯光的照耀下散发着幽幽的微光。这个画面就是特写镜头。

其实，影视剧就是通过一个个镜头的切换来讲故事的。由于我们的视觉系统具有连贯性，因此影视剧通过画面的切换能够形成指哪打哪的效果。观众能够马上从场景中辨别出人物所处的环境，并形成一定的共情作用，加上人物、剧情、台词等一系列元素，就形成了让人有沉浸感的完整的故事情节了。

其实，小说的文字同样能够达到这样的效果。当我们把影视镜头语言和故事写作技巧联系起来，再回想很多自己熟悉的小说作品，就能很直观地感受到其中千丝万缕的联系。我们会发现在小说中，利用镜头的推进来描写的场景也是很常见的。

我们熟悉了大全景、全景、中景、特写分别是如何描写的，以及它在故事中发挥的作用，就能够将其运用在自己的作品中，使我们的作品也拥有如同电影般的画面感。

在故事创作中，镜头和画面的运用是灵活多变的，不一定非要采用由远及近，从全景到特写的常规写法，也可以直接从特写或者近景开始。

最后，我们说到的就是临场感，这是一种比画面感更深入的阅读体验。

就画面感而言，读者仍然处于观看和阅读的角度，而临场感则是把读者的注意力和感受拉到故事当中的一种深度沉浸感。这就要求作者除了写出能够营造出极具画面感的文字外，还要拥有熟练地利用镜头的切换、视角的转换以及对人物和场景细致入微的刻画能力。

读过《檀香刑》的人大概都记得，书中描写了一段凌迟的场景，很多人反映在阅读的过程中似乎自己就站在围观行刑的人群里，目睹了这个残忍而血腥的过程，似乎自己也会跟着一起疼痛，甚至能够嗅到空气中弥漫的血腥味。

这样的临场感得益于作者莫言对这场凌迟刑罚细致入微的描写。他几乎记录了行刑者的每一个动作，每一个步骤，包括犯人每被割一刀的真实反应，不厌其烦、长篇累牍地记录了整个过程，逐渐把读者从文字以外拉到了故事发生的现场。

如果说莫言制造临场感的秘诀是用几近真实的细节，那金庸先生则用的是视角转换。在金庸的武侠小说中，时常会出现激烈的打斗场面。仔细分析之后，我们可以看出，在一个打斗场景中，小说的视角并非一直围绕着打斗的人，而是时不时会对围观人群进行一些描写和刻画。他会用第三方的视角和围观人物的表情、语言、反应，来衬托这场打斗的激烈程度。这就像现在的一些电视节目，台上表演唱歌的人一开口，镜头马上就切换到评委和导师，让观众看到导师惊讶的表情，以此来衬托选手让人惊艳的歌唱技巧。

这种创作方法，一方面可以通过旁观者的角度来衬托主要描述对象，另一方面丰富的视角使得读者能够感受到现场更多的元素，从而产生身临其境的感觉。

小结

对于作者而言，让文字变得更有画面感甚至临场感，是必须要掌握的基本功。

1. 想用几句话制造画面感，最好能将文字具象化，使之和读者熟悉的事物进行关联。
2. 在场景描写中，尽量不要直接叙述结论，而是将人、场景、事物进行可视化呈现。
3. 研究和学习影视作品中的镜头运用，将其用在文字创作上。
4. 用细节让故事显得真实，用真实让读者信服。
5. 丰富而多元的视角转换能够多角度展现一个场景，也更能让读者沉浸其中。

第三部分

好的结尾是畅销的保障

16 释放大高潮，给予读者高峰体验

如同一次漫长的旅行，经过前期的长途跋涉，我们的小说也终于从中段进行到了结尾部分。

读者一路跟随主角，经历了他所有的艰难困苦，看到了他所有的努力和尝试。到了结尾处，读者希望主角能够打一场漂亮的翻身仗，展现一次淋漓尽致的反击，成为英雄……

总之，到了结尾部分，读者的期待感已经到达了顶点，他们强烈地渴望整个故事爆发一个大高潮，解决故事中最大的矛盾。

在家庭伦理故事中，整个故事最大的矛盾可能是婆媳关系到了无法化解的时刻，必须要在一个特定的场景来一场针锋相对的“战斗”，以争夺未来数十年的家庭主导权。

在悬疑推理故事中，整个故事的高潮可能是侦探和凶手到了最后的博弈关头，双方必须用尽一切阴谋和阳谋，致对方于死地，邪恶和正义必须分出一个胜负。

在冒险猎奇的故事中，主人公和朋友们已经到达了古墓的核心部分。他们即将揭开一个千古之谜，但同时会放出古老的魔咒，所有人在古墓中都命悬一线，生还是死必须要做出抉择。

记得我们在动笔开始写故事之前，曾经做出过的重要设定吗?那就是这个故事最大的矛盾冲突点是什么，我们在结尾部分就要解决掉这个全文中最大的矛盾冲突。这个过程同时也将爆发出全篇最大的能量，形成故事的大高潮。

这就像故事中的一个少年，一开始就许下宏愿，要打败现有的统治王朝，成为整个大陆上的新王。那么无论他在故事的中段部分经历了什么，受过多少磨难，得到多少人的帮助和爱戴，最终必将要实现自己最初的梦想。所以，整部戏最大的高潮就是，主角经历了种种痛苦磨难，一方面自身变得强大，另一方面自己的个人实力也在成长，最后成为一股足以撼动朝廷的力量。主角需要带领这股新势力，与邪恶的旧势力做最后的抗争，而这个最后的抗争过程，就是本书中最精彩的地方。

为什么故事的高潮对读者如此重要?根据峰终定律，人们评判事物往往是以高潮（峰）和结局（终）的好坏来决定的，如果这两个部分的体验是愉悦的，那么对整体的感受就都是愉悦的。这就是为什么一场演唱会，歌星总是会把最劲爆、最脍炙人口的歌曲放在最后一个演出；一场晚会，也总是会由最好的节目、人气最高的明星压轴演出。同样的道理，一次约会、一个暑假给人的感觉是快乐还是无聊都取决于最后的十几分钟或者几天是否发生了令人印象深刻的事情。

故事写作更是如此，好莱坞的编剧们深谙此道，他们甚至提出了“电影最重要的部分是最后的 20 分钟”的看法。

尽管一个故事剧本需要编剧付出百分之百的努力，但需要把

75% 的努力都用在最后的高潮结尾上，务必要制造出辉煌的、宏大的、华丽的、令人血脉偾张的、如同史诗般的结尾，才能给读者留下极其深刻的印象。小说也是如此，所以有些国外的小说家会说：“开头写得好，可以帮你卖出这本书，而结尾写得好，可以帮你卖出下一本书。”但是，到了结尾的部分，很多作者往往会陷入疲倦。他们就像长途跋涉、疲惫不堪的旅人，只想早点结束这个故事，然后可以给自己放上一个月的假期，再开始创作下一个崭新的故事。

据说，长途司机往往在快要到家的时候容易发生事故，大概率就是因为放松了那根一直紧绷的神经。很多作者同样会出现这种情况，他们的开篇和中段往往都写得很好，但却在结尾部分翻了车，使作品成了让很多读者不满意的烂尾作品。

因此，假如作家还想在这个行业里继续干下去，到了结尾部分，无论再怎么疲惫，也需要打起精神，为读者制造一次畅快淋漓的阅读体验。如果可以让读者满意而归，说不定某次闲聊中他会顺便向朋友推荐一下这部作品。

那么，我们应该如何把故事最终的大高潮做得华丽而完美，甚至产生余音绕梁、让人回味不绝的效果呢？这里分别需要用到三个工具。

抑制：用来调整高峰体验前的高低落差。如同一座高山，需要峡谷的衬托；如同一个瀑布，要有高低落差才能形成。故事的大高潮来临之前，我们也需要做好足够的铺垫，才能让故事爆发出最后的张力。

意外：用来加强高峰体验前的压力。如果我们发现自己的故事在临近结尾高潮的时候，紧张感和压力不够，那么创造出一些意外，有助于打破故事的平静，使高潮前的压力倍增，营造出“山雨欲来风满楼”的压迫感。

转折：用来释放高峰体验中的压力。既然我们有“意外”这个加压阀，自然也需要排压阀。在故事最具张力的高潮部分，在主角与对手的生死较量中，转折的出现可以为主角寻得一线生机，也可以适当释放一些情节上的压力，把敌对势力或者危险的环境巧妙地化解出去，起到自由调节故事张力的作用。

作者可以根据作品的题材和具体情况选择性地使用这三种工具，当然，搭配使用效果更佳。

抑制：调节故事的高低落差，形成势能

要为接下来的故事高潮做铺垫，作者一般要在高潮前期进行刻意“压抑”。这种压抑可以运用在故事环境方面，也可以用在角色人物身上。

这样做的目的是为了能够让读者先入为主地形成一种“并不看好这件事”的主观印象，并对故事接下来的发展充满好奇和期待。例如，一位名不见经传的拳手突然冲进了记者发布会的现场，扬言要挑战正处于巅峰期的另一位拳王。看热闹不嫌事儿大的媒体，立即把摄像机和话筒对准了这位不知名的拳手。当他介绍了自己的名字之后，有记者问道：“你有哪些好的战绩?”而这位拳手的回答竟然是：“我没有上过正式的拳击台。”

这样的回答自然会引发在场所有人的哄笑，评论家和主持人也会在此时站出来嘲讽他，认为他这种行为属于“哗众取宠式的自

杀”。被挑战的巅峰拳王甚至都没有正眼看他，直接走到了后台。

这样的场景会向读者释放两种信息：（1）所有人都不看好这个“从大山里走出来的土包子”，他没有经历过专业的训练，也没有打过正式的比赛，而且看起来是瘦弱无力、完全没有实力的样子；（2）此时读者会有所期待，他们相信作者一定会安排这场拳赛，并且对这场比赛充满了好奇。

在这场拳赛开始之前，通过类似的场景、环境、权威人物对角色的形象和实力进行打压，形成一种对角色不利的氛围，就是对情节的一种压抑式的铺垫，用来衬托接下来故事高潮上的巨大反转。

值得注意的是，考虑到现在的读者喜欢直来直去的爽点，在对主角进行打压的时候，需要掌握适当的力度。如果对读者的打压太过强烈，可能会引起部分读者的不满。

除此以外，我们还可以用意外和转折两种方式，对随之而来的高潮进行铺垫。

意外：在高潮来临之前，再次加压，挑战极限

意外实际上是一个高潮前的可调节阀门。如果我们在故事的高潮发生之前发现角色承担的压力还不够大，事情还没有糟糕到让读者为他担心、为这个世界感到担忧的地步，这时候就可以增加一些外部环境和人为因素导致的意外。这些意料之外的事情会迅速打破读者气定神闲的轻松状态，让他们为故事中的角色或世界感到担心。

意外对主角而言大都是不好的事情，要在主角和读者都想不到

的地方出问题才行。就像火箭发射升空之前，相关部门已经进行了上千次测试，认为几乎每个环节都是万无一失的，宇航员也为此训练了数年之久，一切都是稳操胜券的；但是，宇宙飞船在外太空运行的过程中，在一些大家从未想到的地方出现了问题，从而给宇航员带来了巨大的麻烦，甚至是生命危险。

小说在后半段的创作上，尤其是添加意外情节的时候，也要遵循这样的原则。在被人担心的地方，在大家觉得容易出问题的地方反而没有意外发生，麻烦总是要和人玩捉迷藏的游戏，发生在匪夷所思的地方。例如，美国国家航空航天局（NASA）突然发现一颗陨石正飞速接近地球。这颗陨石的大小前所未有，如果不及时制止，它将以极快的速度撞向美国的西部地区，并对地球造成巨大的伤害，甚至会有毁灭世界的危险。

这显然是一个末日科幻题材，就像我们之前看到过的所有好莱坞科幻大片一样，接下来世界上最聪明的一帮人要聚集起来想办法，他们要拯救地球。

他们想出的办法是，集全球之力迅速发射一颗卫星，到达距离地球很远的太空，对陨石进行拦截。这个计划需要几名经验丰富的宇航员在陨石靠近的时候，朝它发射核弹，因为距离太近，这几乎是一个自杀式的计划。但是，为了全人类的安全，还是有几位英雄站了出来，愿意牺牲自我，去完成这个几乎无法完成的任务。

全球科学家在共同努力下，终于精确计算出了轨道和陨石撞击过来的方向，于是所有人都严阵以待。就在故事即将进入高潮的时候，意外发生了。这颗巨大的陨石在飞速撞向地球的过程中，和另一块陨石碎片发生了撞击，陨石分裂成了两块，分别从不同方向朝着地球飞来。

因为之前所有人的注意力全都聚集在人类的计划上，只关注自己的计划能够实现的问题，谁也没有想到问题会出现在陨石上。

糟糕的是，此时搭载着六名宇航员的火箭正好升空，按照既定的路线朝着错误的方向飞去。按照科学家最新的推算，一分为二的陨石刚好能够分别躲过飞船的轨道，完美地避开核弹的攻击。

在这个故事中，读者前期担心的是陨石即将来袭，我们有什么办法能够阻止这场末日灾难。随着人类科学家的努力，一个个计划和方案被放在了各国首脑的办公桌上，经过讨论，大家最后确定了一个成功概率最高的方案。

紧接着，读者和故事中的人们一样，又开始担心计划能否顺利实施，比如火箭能否在预定的时间内制造出来？能否精准地和陨石碰面？搭载多少枚核弹或者氢弹才能把这颗陨石炸碎？最重要的是，有谁愿意去近距离引爆核弹，和陨石同归于尽？

随着这些难题一个一个被解决，最后读者和故事中的人们一样，对计划的完整程度很满意。现在只要把各个环节的意外都排除在外，按理说，应该是没有太大的问题，虽然会牺牲几名伟大的宇航员，但人类能又一次躲过一场末日浩劫。

此时的读者除了对九死一生的宇航员有些许同情以外，基本上处于放松的状态。如果最后的大高潮在万无一失的情况下，按照大家预想的样子呈现，那么效果就会大打折扣，因为读者已经提前预知了结果。

此时，我们需要在压力和危险的平衡木上加上一个砝码，让故事情节的天平重新失去平衡。因此，陡然出现的意外来自人类无法掌控的陨石，也就是敌人的一面。

这个意外无疑会让读者再次紧张起来，从而开始动脑筋盘算，一边回忆着前文中的种种细节，希望能够想到破除难题的方法，一边揣摩作者的心思，猜想着作者会用什么样的脑洞去弥补这个突然出现的意外。

高潮前出现的意外相当于做一次极限挑战，就像原本独自面对强大的敌人已经让自己陷入非常危险的境地了，但却在关键时刻突然大喊了一声："我要打 10 个！"

突如其来的意外不仅打破了读者原本的预期，也将故事情节推到了更难以预料的岔路上，使得读者重新精神抖擞，和主角一起面对故事大高潮之前最大的危机。这样当故事的大高潮来临时，才会显得格外惊心动魄。

当然，以上的例子是一个典型的好莱坞式剧本的故事走向，这类故事非常适合用作范例进行研究。它的每个情节走向和变化特征都非常明显，就像正方体一样棱角分明。相对于其他类型的小说，如文艺、言情、家庭、社会类小说等，同样也有着起承转合的故事线。相对于悬疑、武侠、科幻、历史类的小说，在结构的辨识度上可能会稍微柔和婉转一些，但创作原理是相同的，千万不要认为这样的创作技巧只适合男性小说或者更大开大合的题材。

有一部爱情小说讲述的是男主派特因患有抑郁症而被妻子抛弃，他在某天跑步锻炼的时候，偶遇了一位丧偶的性感女人蒂凡尼。接触后，他才发现对方沉溺于丈夫的死亡阴影中无法自拔，同样患有轻微的心理疾病。

蒂凡尼是一个业余舞蹈爱好者，最大的梦想就是参加三个月后的市区拉丁舞大赛并获得冠军。但她缺少一个舞伴，随后她便欺骗派特，告诉他如果他能够和自己一起去参加舞蹈大赛并获得冠军，就能够重新获得前妻的信任。派特为了能和前妻破镜重圆而答应做她的舞伴。

在练舞的过程中，两个人的感情也逐渐升温。然而，就在两人在舞蹈大赛上信心满满准备夺冠时，派特的前妻突然到访，让两人的节奏变得混乱不堪。前妻的意外到访就是设置在高潮前的一个不安定因素。前妻的出现实际上是对两人感情的一次干扰，很有可能会让他们最重要的一次舞蹈表演以失败告终，也会把两人好不容易积攒的爱火瞬间浇灭。

这是根据马修·奎克的同名小说改编的著名电影《乌云背后的幸福线》中的情节设置，可以看出，尽管这是一部温馨治愈的爱情故事，但在创作上同样也遵循了高潮之前发生意外的常规手法。这部电影获得了第 70 届金球奖最佳编剧奖。

转折：在最紧张的时候，避免爆炸而按下的排压阀

在前面概述的部分，我们把意外比作故事高潮前的加压阀，而转折则是排压阀，负责减少压力。有时候，作家必须像一个工程师一样，除了要调整整个故事的节奏外，还需要把故事的压力调整在合理的范围内，以保证在主角和读者喘不过气的时候，主动有意识地释放和排解一些压力，这样才能让故事合情合理地继续下去。尤其是在故事的高潮部分，虐待主角使他陷入更加危险的境地是一个必然要经历的过程，但如果掌握不好力度就可能把主角陷入一种“无解”的危险当中。

因此，当敌人太过强大、环境太过糟糕时，主角几乎无法生还或者故事无法继续的时候，需要及时出现一些转折，让主角在强大的压力下获得一线生机，以此达到“山重水复疑无路，柳暗花明又一村”的效果。

在我们常见的小说、影视剧题材当中，转折在故事后段部分也是极为常见的。在悬疑推理类故事中，当主角费尽九牛二虎之力终于将嫌疑人抓获的时候，却发现因为某些特殊的原因而无法给对方定罪。就在嫌疑人必须被无罪释放的时候，出现的转折往往是某一个不起眼的小物证被发现。这个在犯罪环节中完全不被重视的物证成了压死骆驼的最后一根稻草，使得剧情彻底反转。

在武侠玄幻故事中，主角和对手的一场恶战中，主角逐渐落于下风，身负重伤的同时命悬一线。此时，转折出现，主角突然实力大增，然后反杀对手。这个转折有时候是主角突然悟到了某个绝世功法中的重要部分，有时则是想起了自己被残害的同胞，突然有了意志力的加持，也有可能是在危急关头找到了对方的“阿喀琉斯之踵”，趁着敌人暴露了唯一的弱点而赢得战斗的胜利。

在文艺言情类故事中，男女主角的爱情之火被彻底浇灭之前，也总会出现某个转机。无论是一条多年前两人互赠的项链，还是飞机场某一方的突然回头，抑或是一个旁观者突然想起的一件小事，都能瞬间化解误会，让爱情的火焰重新点燃。

当然，无论是意外还是转折，它的触发是有条件的。就像增压和排压是需要设置专门的阀门进行管控的，这个重要的阀门是需要在故事的中期甚至前期就已经安装完毕的。这个重要的阀门就是伏笔。

也就是说，无论是在一切胸有成竹的计划前突然发生的意外，还是在绝境中突然出现的转机，我们都需要把这些突然出现的元素合理化，不能使其太过突兀，以免读者不信服，吐槽“这怎么可能嘛，简直就是胡来，这也太不合理了吧”。

怎样让我们的故事情节既出人意料，又合情合理，这是我们接下来要着重讨论的话题，也是作为一个作者必须掌握的写作技巧。

小结

让故事的高潮变得更加好看，我们需要学会运用三个实用的调整工具。

1. 抑制：在高潮之前，作者需要通过打压主角，限制实力、烘托低落氛围等压抑的方式降低读者预期，和高潮部分产生高低落差，当高潮来临的时候，才会释放出更大的能量。这就是大家常说的先抑后扬。
2. 意外：这是故事创作中常见的一种加法，是用突然出现的意外情况进一步把故事导向一个更复杂、更凶险的境地，从而增加读者的期待感，为后期出现的故事高潮增加可读性。
3. 转折：和意外相反，这是故事创作中常见的减法。它具有双面实用性，在故事的中段，转折往往是为了丰富故事的层次感，增加故事的曲折度。到了故事的高潮部分，它承担更多的是为主角减压、为故事寻求创意出口的职责。

在目前的互联网环境下，读者对多重反转的故事有着强烈的兴趣，甚至许多编辑把反转当作了征稿的硬性要求，因此一定要格外关注这一点。

17 复查：既要出人意料，又要在情理之中

作者最不愿意看到的读者反馈就是“这也太不合理了”或“看不下去了”。

其实，读者发出这样的评价大部分都是由于两个原因。如果读者说“这太不合理了”，那么多半是因为情节太过离奇或狗血，逻辑没有进行合理的勾连，没有做到让读者信服。这会导致情节脱离现实，从而让读者产生“跳戏感”，即从小说的沉浸感和代入感中脱离出来了，也就是大家常说的“出戏”。

“看不下去了”则代表读者感觉故事太过无聊和普通。如果在场景的选择方面不够有新意，读者就会产生一种好像在哪里见过的感觉，比如男女主角邂逅的场景，不是酒吧就是电梯，不是图书馆就是咖啡店，这自然会让读者眉头一皱。

此外，情节上如果太过于平庸，看到一个情节，读者就能猜到下一个情节，甚至连大结局都能想到，当然会丧失继续阅读的兴趣。毕竟时间宝贵，他们可不想把时间浪费在一个乏味的故事上。

场景和情节老套，似曾相识，这是读者无法忍受但却时常会遇

到的情况。同样，这也是一部小说或者影视作品经常被吐槽的槽点。作者既要讲究逻辑，又要脑洞清奇，还要拿捏好其中的尺寸，就像脚下踩着平衡木，要控制得刚刚好才行。

那么，怎样才能让故事看起来既让人惊奇，又合情合理呢？一般来讲，如果能够遵循以下三个原则，那在很大程度上就能避免上述两个问题。

制造连锁反应

在故事创作中，要保证逻辑的严谨，首先要学会在事件中制造连锁反应。也就是说，情节和情节之间要有强烈的因果逻辑关系。

就像多米诺骨牌一样，一个骨牌的倾倒会导致下一个骨牌的倾倒，依次连贯顺畅地进行下去。故事的情节也应该是这样的：一个情节中主人公选择了 A 选项，会触发 B 情节的出现，而因为 B 情节的出现，促使主人公做出行动，这样又会触发 D 选项。这样的情节设计，逻辑勾连得非常紧密，能够极大地避免情节之间关联性差，导致故事中出现可有可无的鸡肋情节。

我们以网剧《隐秘的角落》为例：

因为张东升被婚姻逼到了绝境，导致他决定杀死岳父岳母。

因为他把谋杀地点选在了景区，导致三个小孩无意中拍摄到了画面。

因为三个孩子急需用钱，导致他们萌生了勒索张东升的念头。

…………

一个好的故事，无论是长篇还是短篇，无论角色多少，剧情有多复杂，出现了多少支线情节，在大情节方面都会遵循这个连锁反应的原则。

听起来似乎非常简单，只是单纯地注意一下因果关系不就可以了吗？可事实上，在写作的过程中，无论是小说还是剧本，我们面对的局面都是很复杂的，我们不可能只看剧情有没有逻辑关联，还要兼顾人物性格、人物渴望目标、剧情障碍等元素。

有时候很难兼顾所有。作者就像杂技演员，在钢丝桥上踩单车，手里还要转着十几个盘子，难免顾此失彼。不仅是写作新手，有时候就连大神级别的作家和编剧，也会出现剧情上的漏洞。无论是国产电视剧还是好莱坞大片，这种情况都是难免的。

因此，我们到了结尾的部分，需要对整个情节进行一次复盘，看看每个情节之间是否有关联，是否产生了与上下文毫无关联的情节或者逻辑漏洞。

例如，一个北漂的女演员希望能够得到新剧女一号的角色，她为此做了很多努力和准备，就在她胸有成竹去剧组试镜的时候，发现来了一位国内顶流的女演员和她一起竞争女一号的角色。没有资源背景的北漂演员是无法跟一线女演员竞争的，她感到无望，强打精神完成了试镜工作之后，心灰意冷地回到了家中。第二天，导演组电话通知她，一线女演员因为突然陷入丑闻中，无法参演本剧，女一号的角色将由北漂演员接替。

相信大部分读者都能发现，这样的逻辑是不对的。在遭遇强大竞争对手的时候，主角没有付出行动和额外的努力，仅仅就是因为竞争对手自身出了问题，就得到了她梦寐以求的新角色。这个结果和主人公是没有逻辑关联的，安排得太过刻意，也太过随意。

性格决定命运

如果说制造连锁反应是用来把控故事的逻辑关联性的，那么我们还可以从人物的性格上来设计剧情，让剧情的逻辑更加合理。前者更注重理性思维，后者则更加感性。

它能柔性地使情节更合理，逻辑更严密，同时也会让故事变得更精彩。这样设计出来的情节会反向加固人物性格的设定，情节和人物会相互赋能，起到一加一大于二的神奇效果。总结成一句话就是：性格决定命运，什么性格的人，一定会做什么样的事。

在故事的发展过程中，人物的性格往往是决定情节走向的一大推动力，这个原则在许多优秀的作品中一再被验证和实践。例如，在《琅琊榜》中，梅长苏经历了生死考验，一夜之间从少年将军变成了谋逆罪臣。按普通人的想法，死里逃生之后，他一定会藏身于山野乡间，了此残生。但依照作者给他设定的人物性格，他绝不甘心就这样背负罪名，将七万战友的尸骨和名誉抛到脑后。所以，无论经历多少痛苦，面临有多少凶险，他都会重回京城，以一己之力，搅乱朝局，让自己的父亲和战友们沉冤昭雪。

这就是人物性格决定的剧情走向。假如角色是那种爱憎分明、勇于担当、乐于助人的性格，那么遇到不平事，他就一定要跳出来打抱不平，从而惹上麻烦。无论是得罪了当朝王爷，还是英雄救美邂逅了公主，总之，性格决定了行为，而行为推动了剧情的发展。在《泰坦尼克号》中，女主露丝渴望真爱的性格使得她敢于违抗母亲，勇敢地和穷小子杰克站在了一起。

在《这个杀手不太冷》中，男主的孤独和善良导致他违反了杀手原则，带着一个女孩开始了冒险之旅。

只有人物性格才能使角色做出看似荒谬、实则合理的举动，这也将成为一些看似不合理情节的“人性胶水”，使得不合理的情节有了合理的解释。

性格也是人物设定的一部分，用性格来推动情节，不仅显得更合理，而且也更婉转自然，可以不露痕迹地让整个剧情变得非常顺畅。同时，它还加深了角色的性格定位，让角色性格更突出，从而被读者记住。

既出人意料，又在情理之中

以上两个原则可以让我们的故事逻辑合情合理，但这还远远不够，因为我们的目标是：既要出人意料，又在情理之中。接下来我们提供的方法，能让你的故事在逻辑自洽的同时，还能出人意料地具有惊奇和反转的刺激感。

我们回想一下，在我们看过的电视剧、电影、小说等故事中，作者是如何制造令人拍案叫绝的惊叹时刻的呢？

制造出人意料的效果

我们依然用《琅琊榜》举例说明。在郡主比武招亲的过程中，突然出现了一个楚国武士，武功高强，打败了大梁国所有的备用人选。此人相貌粗鄙，并非郡主的人选，就在所有人都一筹莫展的时候，梅长苏却说，只需要几个小孩子，稍加训练就能击败楚国武士。

当这一幕出现的时候，不论是剧中的皇帝还是郡主，就连观众也很好奇，几个孩子如何击败身高两米的楚国高手。最后，作者提供了一个奇葩的解决方案，出乎所有人的意料，同时也显得较为合理。这个解决方案竟然是，这个楚国武士是梅长苏一早就安排在楚国的自己人，小孩子击败他，只不过是他演出的一场好戏而已。这样的解决方案，既出乎所有人的意料之外，又能体现角色的足智多谋和背景深厚，实在是一举两得。

提供反转情节

反转的情节会让一个人的身份或者态度突然发生转变，爆出他隐藏的身份或者目的，也能让情节急转直下或另辟蹊径，是目前小说创作中很受读者喜爱的一种情节设置。例如，恋爱多年的情侣突然有一天发现两人竟然是失散多年的亲兄妹。一个人突然发现，一直以来并肩作战的朋友竟然是一场阴谋的始作俑者。

当然，这只是一些常见的、俗套的、烂大街的反转情节。作者在创作的同时，可以脑洞大开，在原有的基础上寻找新的反转契机。例如，单身女心理咨询师接触了一名年轻的男性来访者，发现他是一个具有极强可塑性人格的心理疾病患者。女心理咨询师违反了职业道德，将其改造成了自己喜欢的类型，成了自己的未婚夫。在最后的关头，她才发现，未婚夫同样也是极有天赋的心理咨询师。

他在不露痕迹伪装成被女心理师治愈的过程中，也悄悄地改造着对方。

设置障眼法

这种创作方式一般都会在前期刻意误导读者，在故事的后期用一种合理的方式推翻前面的情节。无论是用梦境、双生子、幻觉、心魔等理由，还是用前期埋下的细节和伏笔，总之推翻之前的设定，猛然抛出一个更富冲击力的结果，才是作者真正的目的。

例如，在《盗墓笔记》中，作者多次使用了这个技巧。比如，在怒海沉沙中，那个看起来弱不禁风的老教授，其实是主角张起灵。在《第六感》中，你一直以为心理咨询师看到的小男孩是个鬼魂，其实到最后才发现，心理咨询师才是死去很久的鬼魂，小男孩则是一个能够看到鬼魂的人。

小结

在本节中，我们主要讲述了如何让故事逻辑严密，既在情理之中又能出乎意料的三个大原则。

1. 制造连锁反应：故事的情节最好环环相扣、因果明确，避免出现含糊和突兀的情节。
2. 性格决定命运：人物的行动引发剧情，最有可信度的一种方式就是，什么样的人做什么样的事。
3. 出人意料的情节：给故事设定一些奇葩的、反转的、猎奇惊艳的方案和剧情，能够让读者猜不透你的想法，从而欲罢不能。

18 情节要精彩，人物要出彩

在故事创作过程中，到底是人物更重要还是情节更重要呢？这个争论其实由来已久，哲学家亚里士多德曾经说过："故事第一位，人物第二位。"他的话被推崇故事情节至上的人奉为圭臬，但从舞台剧逐渐到小说的流行演变过程中，这位哲学家的话受到了越来越多作家们的质疑，新一轮的争论又开始了。近代以后，双方的争论开始势均力敌，并到达了平衡阶段，最后达成了"人物和情节同样重要"的共识。

之所以出现这样的情况，是因为双方都有着"人物"或"情节"更重要的确切证据和理由。人物需要情节来承载和塑造，情节需要人物演绎和延续。在故事当中，它们互相联系、相互影响，是难以独立运行的两个重要元素。

我们可以试想，故事的情节是如何产生的？情节是人物因为自身做出的选择和行动而产生的。人物不同的选择会产生不同的情节。简单来讲，就是人物驱动情节，情节展现人物。

人物塑造和情节选择

《赵氏孤儿》这个故事讲述的是春秋时期，卿大夫赵盾一家三百多口被奸臣屠岸贾诛杀，仅留下一个刚出生不久的婴儿。为保存赵家唯一的血脉，晋国公主（赵氏孤儿的母亲）把孩子托付给了郎中程婴后自缢身亡。

程婴将赵氏孤儿藏在药箱中，打算偷偷带出宫去，但是遇到了屠岸贾的部下韩厥前来阻拦。韩厥知道药箱里装的是赵盾的忠良之后，毅然放走了程婴和赵氏孤儿，同样选择了自刎。

屠岸贾遍寻不到赵氏孤儿，便下令将全城满月至半岁的孩子全部囚禁起来，并宣称如果窝藏赵氏孤儿的人再不交出孩子，便将这些孩子砍死。走投无路的程婴找到了已经告老还乡的老臣公孙杵臼，两人商定用程婴自己的孩子代替赵氏孤儿。

之后，程婴假装告发公孙杵臼，让屠岸贾到公孙家搜查出了假孤儿，屠岸贾当着程婴和公孙的面杀死了假孤儿（程婴的亲生儿子）。之后，公孙杵臼撞墙自杀，程婴忍辱负重养大了赵氏孤儿。20 年后，赵氏孤儿得知整件事情的来龙去脉，杀死了屠岸贾，报了血海深仇。

这个并不复杂的故事，完美地演绎了人物是如何驱动情节发展，以及情节是如何塑造人物的完整过程的。

晋国公主为了保住赵家唯一的血脉，必须在强大的压力下做出选择。这个选择驱动着故事的齿轮持续转动，如同击鼓传花一样，把压力转交给了故事的主角——草根医生程婴。

如果说晋国公主在别无选择的情况下只能这么做，那么程婴则不是，他是有选择权的。作为一名身份卑微的医生，他可以选择拒绝，毕竟窝藏罪臣之后的代价可能是丢掉自己和全家人的性命，但他没有；他可以趁机告发晋国公主，到大反派屠岸贾那里请赏，但他也没有；他的选择是冒着极大的风险偷偷把孩子带出皇宫，保住这赵家唯一的血脉。在巨大的压力下做出的选择，是对人物本身最好的塑造（见图 18–1）。

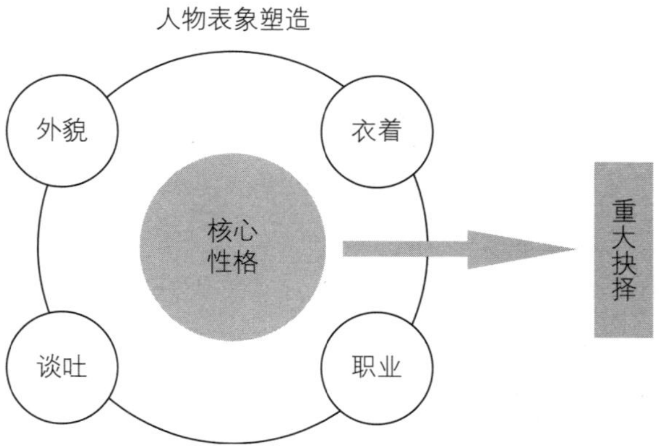

图 18–1　人物塑造和情节选择

在故事中，我们描述了程婴的长相、穿着、口音、仪态，这些仅能让读者直观地看到人物的表象，而真正深刻的塑造则全部都蕴含在人物处于强压下的选择中。

无论我们在这之前把程婴的形象塑造得多么高大伟岸或正气凛然，如果在晋国公主托孤的情节当中，程婴选择的是拒绝或是告密，那么之前的一切形象也会随着他的选择发生剧烈的转变，一个金玉其外、败絮其中的医生形象也就此成型。

反之，如果在此之前，程婴的形象是卑微、懦弱、战战兢兢的样子，那么在他毅然接受公主托孤的一瞬间，这个人的形象就会立即高大起来。

赵氏孤儿的故事在人物塑造方面则更加高明。程婴在接受了托孤之后仍有疑虑，他担心晋国公主会因为受不了屠岸贾残忍的刑罚而出卖自己。这个设计十分出彩，小人物有小人物的谨慎考量，他必须算无遗漏才行。

晋国公主以自缢身亡打消了程婴的疑虑。她决绝的选择也深刻地塑造了一位刚烈母亲的悲剧形象，同时也将程婴逼到了一个命运的死角，他必须冒险走下去，这是一条无法回头的路。

在强大的压力下做出的选择，能够快速塑造出人物的性格，《赵氏孤儿》这个故事反复印证了这一点。程婴带着药箱里的孤儿，在宫门处遇到了负责盘查的将军韩厥，这是大奸臣屠岸贾的部下，出场时人物形象很单薄，因为人们会下意识地认为大反派的手下就是小反派，同样也是反面角色。

创作者是这样处理的：韩厥在打开药箱的一瞬间，看到了一个婴儿，他犹豫了一下，盖上了药箱，对程婴说道："我以为你带的就是一些当归、枸杞，结果你居然带了人参。"可以想象，在电光石火之间，他一定也想了许多，这个孩子可以是自己邀功请赏的筹码，也可以是害死自己的尖刀利刃。面对赵家忠良之后唯一的血脉，他的选择同样是放走程婴和孩子，自己自刎。

即便韩厥这个人物的刻画到此为止，但他的选择仍旧塑造了一个乱局之中仍然保有良知的铁汉形象。同样，韩厥的选择也将程婴推到了下一个情节的齿轮当中，故事得以继续发展。

这就是人物和情节之间的关系，它们相互依托、相互赋能，成为故事中密不可分的一部分。人物在压力下的选择就是自己人性的真实部分，如果不够，那就让压力再大一些。

人物的弧光

简单来讲，人物的弧光是人物性格或内心从故事开头到故事结尾时发生的改变。

在故事创作中，尤其是到了结尾部分，人物的性格和内心不能够一成不变，经过了故事开头发生的意外和中段克服的无数困难，此时的主角或主要人物的心境一定会发生变化，而把这一变化表现出来，就是人物的弧光变化。例如，一个更年期的母亲和一个叛逆期的女儿，母亲认为女儿自私懦弱，女儿看不起母亲的谨慎小气。两人平时自然格格不入，甚至针锋相对。但突然有一天，洪水来袭，两人被洪水困在了不同的地方。入夜之后，因为通信中断无法得知对方的消息，两人竟不约而同地选择冒险在洪水中跋涉，朝着对方被困的地方游去。

这是一个很典型的小说开头，有着强烈冲突的两个角色，由于意外（洪水）的发生，两人暂时失去了联系，分别陷入了险境当中，但亲情的力量使得两人决定冒险去救对方。接下来，毫无疑问，按照本书的创作方法，她们在途中一定会各自遭遇很多困难和危险，这个读者可以自行脑补。试想一下，如果你是作者，你会让故事拥有一个什么样的结局？

我们想暂且先设定一个最普通的结局：黑暗中，两个人历经千辛万苦，终于在波涛汹涌的洪水中相遇。她们奋力游向对方，而此时更大的危险来临，洪水中一根圆木飞速地朝两个人撞了过来，母亲为保护女儿被圆木撞晕，随后被洪水冲走，消失在了夜色当中。后经解放军的救援，她们终于在安全的地方不期而遇。两个人紧紧相拥，抱头痛哭。

经过这件事，两人对彼此有了新的看法。母亲意识到，女儿是爱自己的，她并不自私也不懦弱；而女儿通过母亲对解放军的帮助和捐赠，也明白了母亲平时的节俭中隐藏着大爱。

在故事的最后，母女心境上的变化就是所谓的人物弧光需要承载着人物的内心从开头到结尾的转变，从而起到升华主题和表达人性的作用。

优秀的故事作品不但要揭示人物的深层性格，还要在故事行进过程中展现人物内在的变化，无论是变好还是变坏。

当然，人物的弧光虽然是结尾阶段体现人性的高光时刻，但实际上它并不是在最后阶段突然冒出的光芒，而是随着故事的推进，在具体的情节和阻碍当中逐渐打磨出的光芒。

人物的弧光其实在故事的一开始就深埋在了故事的结构当中，并以一种和情节同步推进的方式进行。情节如同奔涌向前的河流，而人物的弧光则是激流暗涌的地下河流，直到最后一刻，两者汇聚在一起，爆发出震撼人心的冲击力。

我们用上面的故事进行分步剖析，就可以清楚地看到人物的弧光是如何潜藏在情节当中，如何经过运作，最后合理地出现在结尾部分的。

第一步：故事情节铺陈出人物特征和性格底色。

小琪放了暑假，从城里的高中回到了农村家里，她用自己的零花钱给母亲买了一双白色的运动鞋，却遭到了母亲的指责。小琪内心非常委屈和愤怒。母亲的节俭和守旧，小琪的委屈和压抑，在第一个冲突中暴露了出来。

第二步：意外的发生展现了角色的内心世界。

当晚下起了暴雨，小琪听到了母亲在外面的呼喊，但赌气假装没有听到，最终两人被洪水冲散。

极度恐惧之下，小琪想起了小时候母亲为了保护自己，曾和恶犬搏斗，最后留下满身伤痕。她对母亲是有爱的，是依赖的，通过反思，她才得以将其转化为勇气，决定冒险在洪水中寻找母亲。

第三步：在压力面前，展现和人物形象完全不一样的深层本性。

小琪在行进途中听到有人呼救，她游过去一看，是和自家素有仇怨的村里会计。他被卡在了铁门栅栏里，无法动身，洪水已经快没过了他的头顶。

小琪潜入水中，努力把他的脚从栅栏里弄了出来。而这位会计得救后，却塞给她一把钥匙，要小琪冒险潜水进入农场，拯救他自己饲养的家畜，此举让小琪火冒三丈，言语犀利地痛骂了这名会计。

在这段情节中，小琪并不是开头塑造的那个文静、隐忍的少女，在压力下表现出了和她之前的形象截然相反的真实性格。她是爱憎分明的、客观包容的，但面对无理和荒谬，她也敢于抗争。

第四步：人物显现了真实的内在的真实性格后，故事需要给她增加更大的压力，让她面对更大的困难。

母亲为了保护小琪被洪水冲走，随后小琪毫不犹豫跳入洪流，试图找机会救回母亲。但在她试图找到母亲的途中，发现了一群被困教室的小朋友，他们同样危在旦夕，此时小琪是选择救下十多个小朋友，还是继续争分夺秒地去找母亲？思虑再三之后，她痛苦地放弃了几乎已经没有生还可能的母亲，选择拯救一群小朋友。

第五步：当故事结尾来临，角色所有的选择共同地、深刻地改变了人物的性格，完成了人物弧光的表现。

在遇险的 50 多个小时里，小琪已经被迫经历了许多，她和遇到的救援队一起，面对了生命的抉择、人性的善恶、亲情的宝贵，这些让原本柔弱内敛的小琪变得坚强起来，获得了飞跃式的成长。

因此，直到最后，当小琪看到被解放军救下的母亲穿着自己给她买的运动鞋站在面前时，她终于知道了母女之情应该如何表达，便冲上去给了母亲一个充满爱的拥抱。同时，母亲也学会了如何表达亲情：“姑娘，妈妈错了，你说得对，这双运动鞋穿上确实很舒服。”

一件高档有型的西服不仅需要挺括的版型，还需要质感高级的面料，不仅如此，就连不太容易被发现的衬里，也需要做工细致且走线精密。故事的情节结构就像西服的面料，而人物在故事中逐渐变化的性格和弧光才是西服的衬里，虽然隐秘但对衬托整件西服的高级感是极为重要的，也是能够为作品增色加分的附加项。

小结

1. 人物与情节同样重要，在故事中两者之间最好的关系就是：人物能有效推动情节进展，而情节能够反向凸显人物性格。

2. 塑造人物分为两层，人物表象层面可以用外貌、衣着、谈吐、职业来塑造，而人物内在性格则需要通过他面临重大抉择时的表现来解决，越是艰难的决定，越能凸显人物角色的性格底色。
3. 人物的性格和情感不是一成不变的，当人物经历了故事中的种种磨难、克服了种种困难、遇到了形形色色的人，这个过程会对他的性格和情感产生不可逆的影响，展现这种人物弧光的变化，能让人物更加立体。

19 故事的结尾要余音绕梁

对于新手作者而言，能够从开头穿过迷雾重重的故事中段来到小说的结尾处，已经是非常了不起的事了。虽然看起来马上就要大功告成了，但还是要在结尾处保持警惕，因为我们很容易在结尾部分陷入疲惫状态或者会迫不及待地去冲刺。就像马拉松比赛一样，疲惫会让我们步履凌乱，奋力冲刺又使我们很容易摔跤。大部分人总是迫不及待地想要写完这个故事，尽快进入休整期或者开始下一部小说的创作。

结尾可以考量出一个作者在最后关头的把控能力，也是给读者留下深刻印象的部分，请务必重视起来。不要匆忙收尾，这样很容易使整个故事垮掉。

为何结尾会被誉为豹尾？因为豹尾很有力量。我们的结尾必须像豹子的尾巴一样，粗壮有力，甩出去之后虎虎生风，有种震撼人心的感觉。

好的结尾会产生余音绕梁的效果，会让读完这本小说的人成为作者的忠实粉丝，成为作者下一部小说的潜在读者。无力的结尾则会毁掉一个原本还不错的故事。

讲完了结尾的重要性，接下来我们要聊一聊结尾前的准备和结尾常用的几种方式。

结尾前的准备工作

首先，我们要完成一个自查的工作，我们要回头看看：

- 故事的主角完成自己的使命了吗?
- 主题表达完整了吗?
- 配角的命运都安排好了吗?
- 结尾处主角完成了人物弧光的变化了吗?
- 所有的支线故事和坑都填完了吗?

如果你准备了完善的大纲，又严格遵从大纲写作，这些应该都是没问题的。即便如此，在故事创作的过程中，也很可能会出现大纲中没有的支线情节和临时起意写出来的火花四溅的小情节。这部分结果也同样重要，把这些支线情节和前文没有交代出的结果给出一个完善的结局，俗称填坑。

填坑的四种方法

加入新场景

用“加戏”的方法，把一个人或者一件事的缘由交代清楚。加入新的场景来单独叙述一个支线情节或者重要人物的时候，务必保证它的趣味性。不要用信息叠加的方式粗暴展现，而要把它写成一个相对独立而又和主线有关联的场景。

例如，在小说《双螺旋深渊》中，有一个坑与主角的父母有关，读者必须要知道他父母是在什么样机缘巧合的情况下，同意对主角进行基因编辑的。所以，用一个单独的场景讲述主角母亲在考古项目中遭遇意外，逃到了国家秘密基因实验室里。这就在保证故事趣味性的同时，也使整个故事变得完整。

因此，在需要“加戏”填坑的时候，不要图省事，要勇敢地加入新的剧情和故事，说不定这一段故事反而是整个小说中的亮点部分。很多作家把书中的支线故事发展成了下一本书的素材。

对话填坑

这种方式针对不太重要的配角，只需要把他的结局放在对话里展示出来即可。例如，某个关于侦探追凶的故事，中间有个曾经帮助过警察的小偷，当时主角为了追踪幕后黑手而暂时放过了他。

到了最后收尾的时候，读者会对那个曾经的小偷的结局产生疑问，那么安排主角在和同事的聊天中提到一句即可。可以让书中的人物产生这样的对话：“那小子后来主动自首了，他的案子下个礼拜开庭，问题应该不大。”

用一句话可以把一个小人物的结局填写圆满，让整个故事显得非常严谨，且不至于让读者感觉作者有些顾此失彼，是一件非常简单合算的事情。

新闻解读

这种方式时常用于影视作品，我们在很多现实主义题材的作品中可以经常看到。

例如，电影完结之后，会出现一些类似这样的字幕：

××× 因贪污公款、涉嫌违规操作被判 5 年零 10 个月。

××× 因过失杀人，被判 8 年 3 个月，两年后，病死狱中。

这种方式转换成小说的方式，也可以用对话，或者在电视上看到宣判结果的方式展现。例如：

宋波自从那件事过去之后，一直守着那个破旧的副食店，他一直坚信，辛玲总有一天会回来。

他甚至幻想，到那时候，自己就可以拍着胸脯告诉她：老子不是怂包，老子把两个混蛋贪官都送进了局子。

这天他正拿着破抹布擦拭着玻璃柜台上的灰，货架上破旧的电视机里传来了几句字正腔圆的声音："新闻速递：921 大案经过审理，栾少平因贪污公款、涉嫌违规操作被判 5 年零 10 个月。尚清华因过失杀人，被判 8 年 3 个月。"

宋波拿着抹布的手突然顿住，他怔怔地看着电视画面，眼睛一片模糊，听到身后有人进来，他连忙用手里的抹布擦了擦眼，回头正看到辛玲那张满怀愧疚的脸。

练习了无数次的台词瞬间被忘得一干二净，宋波愣怔了半晌，只小声地说出四个字："你回来了。"

作者可以像这种把一些重要信息隐藏在新闻或者场景中，写出来会让读者感觉非常自然，而不是刻意安排和交代。

读者问梗

很多时候，我们在经历了一个故事漫长的写作之后，往往会忘记自己的故事里到底有多少坑，我们必须一一找到他们，逐个填上。但是，因为“只缘身在此山中”，我们时常发现不了所有的坑和梗，这时候，我们需要借助外力，请我们的朋友和读者一起找。

有时候，我们自己不能发现的坑往往读者记得很清楚。他们会问：“主角上次在丛林里遇到的小女孩最后怎么样了？”“那个在贪官床下藏着的小偷，后来怎么样了？”

读者站在旁观者的角度，对整个故事一览无余。他们往往比我们更清楚，所以那些坑是必须要填的。

“草蛇灰线、伏笔千里”，其实就是在反复地查找和修改补充中完成的。等我们填完所有的坑，收完所有的梗，就可以开始考虑真正的结尾了。

结尾的四种方式

结尾的方式当然不止四种，以下四种结尾方式只是较为常见的，且很难说出哪种是最好的。因为每个故事，每个题材适合的结尾是不一样的，我能给你的建议是：即便你的大纲里已经写好了结尾，在结尾来临时，你也要快速地再想几个不同的结局，即便有些看起来太过于天马行空，甚至荒谬可笑。

如果原有的结局并不是最好的安排，你要尽可能地再想几个结局，然后选出最好的一个。尽量避免读者看完之后，有类似“啊，这个结局好像在哪里见过”的感觉。

想好结局之后，接下来我们讲到的四种结局的写法，相信你看完之后，能在各种题材小说的结尾写作上得心应手。

金句结尾

用一句寓意深刻的金句来结尾，会给人一种余味悠长的感觉。例如，一个讲述现实情感类的故事，可以这样写：

> 凌静发动了车子，迎着阳光驶向凌晨的公路。现在，她也算是个有故事的女人了。大概，在这个太平盛世里，婚姻才是一个女人最大的冒险。

以一句话结尾的时候，务必让这句话成为整个故事的核心主题或是主人公最后的感悟。

总之，这句话必须要达到一个目的：它能长时间地盘桓在读者脑海中。

抒情结尾

抒情式的结尾几乎适用于任何类型的故事，因为所有的故事最终都逃脱不了情感的调节。即便是个搞笑的喜剧故事，最后也可以用稍微煽情点的段落作为结尾，可以给整个作品增加深度，让读者在开心之余有所深思。

假如是个悬疑故事，那么抒情的结尾可以缓解读者心中的紧张感。舒缓的散文抒情结尾和前面紧绷的剧情相互映衬，会让作品增色不少。

以此类推，只要使用得当，抒情式的结尾几乎就是一个万金油一样的存在。

对话结尾

对话结尾也很常见，而且好用，唯一需要注意的就是，不要太过刻意。你可以在故事进行到尾声的时候，适当地嵌入一段对话。这段对话可以作为点题之用，用来点亮主题，再次让故事的主题意义以强调的方式出现。

同样，这段对话也可以当作人物到了故事最后发生的转变，作为展现人物弧光的一种方式。例如，一个一心追求梦想而不惜与家人决裂的年轻人，在外流浪多年，经历了各种事情之后，重新回到了家乡。他意识到人生除了梦想，家人和亲情也同样重要。结尾可以这样写：

> 杨洋迟疑了很久，终于推开了那扇老旧的木门，院子里依旧打扫得很干净，只是零星掉落着星星点点的白花，一阵风吹来，那香甜的槐花味道一如他 15 岁离开时的那样，似乎一切都没有变。
>
> 有些驼背的父亲听到声响，扶着门框吃力地往外张望着，院子里的杨洋一动不动。没想到父亲已经这么老了。
>
> “老伴……”父亲看清之后，嘴巴里嗫嗫了许久，突然喊道：“桂琴，你娃、你娃回来咧。”
>
> 二老齐齐地跑到杨洋身边，难以置信地看着眼前的儿子，生怕这是一场忽然就会醒来的美梦。
>
> “你咋还背着这破琵琶？”父亲转过身，声音有些嘶哑。
>
> “爸，这不是琵琶，是吉他。”

“娃啊，我认不认识它不重要。”老父亲指了指屋里，“重要的是，你娃还认识回家的路咧。”

“爸，这条路，一直在俺心里咧。”杨洋扯着嗓子喊道，用老土的乡音说话，这感觉真痛快。

场景结尾

在前面如何写小说的开头的篇章中，我个人是非常不建议大家用场景描写开头的，尽管许多文学大作都是以描景开头。但对于喜欢描景的朋友，到了结尾，终于可以写个痛快了。

用描景的方式结尾是一种非常有意境且带有高级感的操作方式，如果你擅长用景物隐喻或者通过环境描写表达更深层次的含义，那么是时候“表演真正的技术”了。

有一本悬疑小说，在故事的最后，男女主角解决掉了超级大麻烦，两人终于开车离开了那个恐怖的小镇时，结尾是这样写的：

> 卡丽和莱昂互相扶持着走到路边的车子旁，他们拉开车门的时候，都不约而同地看了一眼身后那栋黑色的房子，黑暗中它仍像一头巨兽，隐没在荒草中，似乎死而不僵。
>
> 两人费力地把车开上了笔直的公路，四周大雾弥漫，微弱的灯光在迷雾中缓缓前行，驶向天边那一抹黎明的光亮。

尽管是场景描写，但悬疑作者依然熟练地营造出一种前途未卜的迷茫感，让读者隐隐觉得，这对苦命鸳鸯说不定还会遇到什么恐怖的坏事，或许还有下一部精彩的故事在等待自己。

这种结尾有点像好莱坞系列电影的风格，就是在电影片尾，导演喜欢用一个意味深长的镜头，揭开下一部作品的前奏。

需要注意的是，场景结尾有两种常见的方式：一种是正向暗示，一种是反向暗示。通过不同的景物预示出不同的结局倾向，作者可以灵活运用。

小结

故事写作是一件非常辛苦的事情，临到结尾的时候，大家往往都想快点结束。这个想法情有可原，但是读者评判一部小说的优劣，很大程度上往往凭借的是对结尾的印象。一个好的结尾不仅能够让读者印象深刻，给出一个较高的评价，更有可能使其成为作者的忠实粉丝。

结尾也是作者积累自己读者群的重要砝码，请大家务必字斟句酌地写好结尾，给自己辛苦创作的作品画上一个圆满的句号。

第四部分

改稿和创作中的常见问题

20 望闻问切，把改稿变成最快乐的环节

无论是一气呵成还是磕磕绊绊，无论是乐在其中还是痛苦万分，总之当你给故事画上最后一个句号的时候，都可以给自己一次掌声。只要你写完了自己的故事，就已经超越了 70% 的创作者。无论怎样，当初和你一起毅然走进未知地图，发誓要在文字世界里冒险的勇士们，有些退缩了，有些迷路了，还有一些在快要接近终点的时候放弃了。所以，暂且不论作品的好坏，只要你写完了它，从某种意义上来讲，都称得上是一次巨大的成功。就像你第一次坚持跑完了马拉松，名次已经不重要了，重要的是你已经在过程中学到了很多。

写作也一样，写 10 篇中途放弃的小说，都没有写一本完整的书稿能够领悟的东西多。所以，你可以在坚持写完之后给自己一些小奖励，比如买一款更好用的机械键盘或是和家人出去大吃一顿。

在休息几天之后，我需要告诉你一句海明威的名言："所有的初稿都是臭狗屎。"你需要重新回来，坐在电脑桌面前，准备改稿工作。很多作者刚开始对改稿都充满了抵触。就像辛苦工作了一天，刚和朋友们在小酒馆坐下，冒着泡的冰啤刚刚斟满了酒杯，此时却

来了一个电话，让你重新回去加班，心情可想而知。但是，冷静下来想一想，我们辛苦了这么久终于把自己心中的故事写出来了，难道不想让更多的人看到吗？难道不想它被更多的人喜欢吗？难道不想它被出版社和影视公司抢购吗？

想的话，我们就需要进入改稿环节了，改稿真的能让作品变得更好。即便是很多成熟的畅销书作家，他们的作品也都不是一气呵成并顺利出版的。他们也要和出版社编辑认真讨论，反复修改后才会定稿，最后呈现在读者面前。

可能我们在写作的时候并不觉得自己的作品有什么问题，毕竟这可是我按照大纲一路写下来的，相当于按照图纸盖起来的房子，能有什么问题呢？不过，当你写完以后，搁置了几天重新再看时，一定会皱着眉头发出难以置信的疑问："这是我写的？我怎么不记得有这一段？"就连畅销书作家斯蒂芬·金都说："我的初稿就像在二手店或者跳蚤市场买到的外星遗物，不仅乱七八糟的，而且我都不记得买过。"

即便你的故事都是根据大纲、三幕剧、英雄之旅等结构创作出来的，即便你的情节结构异常稳固，但还是再看一遍吧，说不定有其他问题呢？根据我个人的经验，我们之所以那么讨厌、排斥改稿这件事，很大一部分原因是面对日积月累写出的庞大数字，我们难免心生恐惧：我要从哪里开始？我要怎么做？我以前也是一样，即便知道自己的初稿非常糟糕，但面对动辄几十万字的初稿，我甚至连打开它的勇气都没有。在掌握正确的改稿诀窍之前，我一直像一个批改作文的老师一样，一边读着自己的作品，一边改掉不妥帖的句子和错别字。这样的方式效率极低，而且效果不好，绝对不是作家改稿的正确姿势。

面对自己的初稿，我们先要承认它的不完美，然后冷静地坐下来，打开它，像中医那样，铭记八个字：望闻问切，对症下药。

第一步：通读一遍，做好标记

如果有条件，最好把自己的稿件打印出来，拿在手上就像读一本书一样把整个故事通读一遍。如果没有打印机也没关系，那就在电脑或者手机上看吧。通读的时候需要注意以下两点：一是尽量站在局外人的角度去读作品，不要带着像母亲对孩子的溺爱之情去读自己的作品。尽量就像评价别人家的孩子一样，站在客观的甚至有些挑剔的角度去读。二是做好标记，在通读的过程中，我们需要对以下四种情形进行标记，为后面的改稿理清思路。

- 过于拖沓的情节。请在稿件上用记号笔画上“S”的形状。
- 逻辑不通的地方，或读者可能会感到困惑的地方。请在稿件用记号笔画上问号。
- 情节薄弱和需要补充或增加内容的地方。请在稿件上用记号笔画上加号。
- 需要删减的情节或片段。请在稿件上用记号笔画上减号。

第二步：问对关键问题，找到症结所在

在医生诊断病情的时候，提问就是一个很好的方法。在这一点上，我们要学习医生的做法，把自己的作品当成一个病人，通过问问题的方式，对其进行诊断，然后把诊断进行大小分类，以先管大、后改小的方式进行推进，改稿工作会变得简单高效。

首先，我们先检查作品的框架有没有问题：

- 这个故事是以三幕剧的方式推进的吗？
- 主角有没有遇到无法逃避的麻烦？
- 主角是否克服了一波又一波困难？
- 高潮事件呈现的时机准确无误？

检查以上几个问题，能够让作品框架更稳定，这就代表我们这栋建筑的主体是稳固而坚实的。确定了这一点，我们就可以放心地去寻找其他问题了。之后，我们需要关注人物角色的问题。

- 主角讨人喜欢吗？他令人印象深刻吗？
- 主角的目标是否明确，行动理由是否足够充分？
- 在故事进行的过程中，主角的内心发生变化了吗？
- 主角的对手设定得有趣吗？
- 他的行动理由够充分吗？
- 他是不是比主角更强？
- 在结尾的时候，是不是每个人的命运都安排好了？

根据问题，逐个检查人物塑造方面的不足之处，然后有意识地补足。当人物塑造缺乏真实性，也就是我们通常说的“人物没有立起来”的时候，我们需要给人物加一些情节，让他面临一些选择，以便通过事件来说明这个人的内在性格。

最后，关于故事情节方面，我们也需要问自己一些问题：

- 故事情节当中的冲突够激烈吗？
- 哪个故事情节显得稍微老套和烂俗呢？
- 有没有新的创意加进来，把老掉牙的梗删掉？
- 场景的氛围描写到位了吗？

- 自己想要表达的主题，通过故事隐隐呈现了吗?

按照结构、角色、情节三大板块分别梳理和排查问题，并记录下来，最后形成一张属于作品的“诊断单”和“药方”。接下来的工作将会变得轻松而简单。

在改稿过程中，可能有些片段作者非常喜欢，但对于情节的推动却没有任何帮助，也不利于人物性格的塑造。这种片段或者对话反而暴露了作者的存在，是作者在创作中偶尔忍不住冒头刷了一下存在感，此时需要狠下心来删掉它。

在故事当中，作者应该竭力隐藏在文字背后，而不能突然跳出来针对某件事情进行犀利的点评，或者借助某个角色的台词来抒发自己的情感。如果这种事情被读者发现，就是很不合适的。我记得在某个平台看到过一部悬疑小说，里面有个角色是成功的作家，作者在评论这位作家的时候，说他是连接通俗小说和严肃文学的桥梁，开创了一种跨时代的写作方式。结果，细心的读者点评道：“根据你的小说风格来看，这应该是你自己的理想吧?”反正我当时看到这里的时候，感觉简直就是作者的大型社死现场。读者一眼看穿了作者的那点心思，而且还说了出来，真的太尴尬了。

我们一定要在改稿的过程中，发现我们在写作的时候偶尔的“犯傻时刻”，把这些跟情节无关、只是为了满足我们个人表达欲望的东西统统剔除。不过，如果实在感觉自己写得太过精彩而舍不得删除，那就单开一个文档保存下来，以后有机会的时候再用吧。

改稿工作结束了以后，我们的最后一个工作就是打磨润色。此时的故事应该是作者辛苦打造的艺术品，我们完成了从选材到锻造、从切割到造型的整个阶段，目前它也已经按照我们的想法基本成型了，至少是现阶段满意的作品。在把它放在精致的包装盒里准备出售之前，我们需要把它再次拿在手里，进行最后的抛光和打磨。

其实这个环节就是对个别字句进行微调，就像语文老师批改作文那样。要思考这里的遣词用句是否合理，那里的紧张场景是否再添几句，情绪是否需要再拉长一些，这里是否应该增加一个小的意外惊喜，山洞里的部分要不要再增加一些听觉和味觉的描写。

诸如此类的抛光打磨和对文字的润色修饰，可以说是没有止境的，什么时候结束取决于作者自己对作品的要求。我个人的习惯是，要到编辑确定地告诉我，这本书可以准备出版了的时候，我才会去做这部分工作。但作为新手，我的建议是，最后的修饰工作要在你发给编辑之前做好。

小结

1. 作品写完之后，可以静置数天之后，再来通读。
2. 以局外人的心态阅读，以挑剔者的眼光做好标记。
3. 按照人物、情节、矛盾、细节描写这几个步骤逐步检查。
4. 批判性阅读，针对性改稿，最后打磨润色。

21 创作中常见的问题及解决方案

有时候，当故事的灵感火花在大脑中绽放，我们几乎在一瞬间就能认定，这是一个值得讲述的精彩故事，于是小心翼翼地把灵感记录在了便签上，又花了一些工夫使它变得更加完整。除此以外，我们还为这个故事添加了个性鲜明的角色。

我们就像个尽职尽责的导演，费尽心力地找到了编剧、演员、场务、道具，甚至是制片人，准备在大脑中拍出一部精彩的大片，并且骄傲地分享出去，希望更多的人能看到它。

抱着这样的希望，我们就像加满油的越野车，径直开了出去，写作的冒险开始了。但是，野外的环境是复杂的，尽管我们做了详尽的调查和计划，仍然可能会遭遇极端天气、无数岔路、泥潭沼泽和洪水猛兽。我们可能会迷路，可能会跑偏，甚至有可能被恐惧打败，从而失去写作的信心，灰溜溜地回到了原点。

其实，不仅是新手有这些问题，几乎每个作家在每一次写作中都可能遇到这类问题。唯一的区别就是，成熟的作家已经面对过多次各种各样的“写作陷阱”，并掌握了一套避开或自救的方法。

那么，我就来盘点一下在写作过程中经常会遇到的问题，以及对应的解决方案。

问题一：后续乏力

刚开始，写作总是顺利的，就像我们在休年假外出旅游的第一天精力充沛，一切都是新鲜而美好的。但是，随着写作的逐步深入，我们会发现故事情节越来越复杂，出场人物越来越多，我们就像站在跷跷板上抛接盘子的小丑演员，一边要维持故事的平衡，另一边还要接住每一个人物的盘子，稍不留神可能就会摔掉盘子，出个大丑。

紧张和焦虑便随之而来，我们就像陷入沼泽的猎人，一种无力感开始蔓延，看着故事正朝着失控的方向狂奔不止，我们的心里充满了绝望。

这种情况时常发生在故事的中段，一般是因为没有做好大纲或者大纲做得不够细致。这时候我们需要暂停下来，重新回顾一下自己的大纲，看看当初对这个阶段的描述是怎样的，竭力去回忆一下当初对这个阶段的规划。

尤其是场景的设定和人物的行动路线和目标，问问自己此时主角最重要的事情应该是什么？他目前处在故事情节的主线上还是支线上？然后将其进行细化，直到把凌乱的故事线重新梳理清晰，此时就可以整装待发、重新上路了。

问题二：失去信心

在写作过程中，突然失去信心的原因有很多，后续乏力就是导致失去信心的主要原因之一。此外，写作激情的逐渐流失、长期写作带来的孤独、看到优秀作品后的自卑等都会导致自我怀疑，看着自己写出的东西，开始心生厌恶甚至怀疑自己根本就不适合吃写作这碗饭。据我了解，很多新手作者，包括一些已经有作品出版的作家都很容易在这个阶段被打垮。

我个人也曾多次遭遇这种突然失去信心、失去动力、激情被消耗殆尽的阶段，非常理解作者在这个阶段的那种无助、失落、沮丧的心情。后来，为了防止中途突然出现这种情况，我想到了以下两个解决方案，经过自我验证，非常有用。

1. 在开始写作之前，先写一篇对这个故事的评论文章

就像影评文章和获奖感言那样，我会把为什么要写这个故事的理由叙述出来，然后对其中的特色亮点大加赞誉。最后，我会化身带货主播，在文章中疯狂对别人推荐这个故事，既然这篇评论无论如何都不会被别人看到，那么就绝不吝啬溢美之词，把自己和故事都夸上了天。

在写作的过程中，每当我丧失了创作激情，失去了写作信心，就会把这篇评论拿出来读一遍。每当看到自己当初写下的豪言壮语，以及对这个故事的推荐和赞美，我都会重新感受到深深的鼓励，重新找回当初想写这个故事的初衷和热情。

2. 把自己想象成一个故事主角

作为作者，我们目标一定是成为一名优秀的小说家。作者本身就是一个故事的主角。作为主角，我们一定会遭遇困难，就像故事中的那些角色一样。既然我们能帮助他们最终克服困难达成所愿，那我们自己也一定能行。

抱着自己也是主角的信念，想象有无数摄像机对准了自己，想象有无数读者和观众都看着自己，那种身为主角的勇气就会充盈整个身体。我们需要在心里或者对着屏幕大喊：我一定可以的！我能打败某个优秀的小说家！我一定能成为最好的畅销书作者！

这个做法貌似很傻，但真的很好用。当然，激情过后，还是需要认真思考情节和人物，带着这股冲劲继续笔耕不辍，砥砺前行。

问题三：情节跑偏

这个问题同样容易发生在故事的中段。由于主角遭遇了一个又一个困难，因此他需要在各个故事场景中穿梭，寻找解决问题的答案。作者在创作的过程中可能会产生更多的灵感，这些灵感或新的想法会导致我们驻足观察，或深入其中。

我们在野外探险的时候，可能没有按照既定的路线走大路，而是进入了某个隐秘的小径，当然这样做不一定是错误的。这些隐秘的小径会产生很多支线情节，但是由此带来的后果就是，这条原本不在规划之内的道路背后，有可能另有一番不为人知的美景，还有可能是悬崖和泥沼。

比如，我们在创作一个盗墓主题故事的过程中，主角意外地发现了外星文明的遗迹。因为这个情节非常离奇，我们很可能会顺着这条线索持续前进，导致盗墓的主题变成了科幻的风格，而主角原本想要通过古墓的线索找到失踪的父母的主线，也变成了对外星文明的持续探索。

再比如，在一个职场爱情故事中，女主原本是要和一个策展公司的画家互生情愫，但因为对方的公司突然出现了一个极有魅力的总裁，女主在和总裁接触的过程中产生了情感火花。作者和女主一样，也开始对这个虚构出来的配角产生了情感，导致故事不可避免地出现了情节偏差。

这两种情况在创作中也时有发生，此时就连写好的大纲也失去了作用，角色就是突然移情别恋，朝着另一个方向狂奔而去。因为作者对情节的驾驭能力不足，导致角色有了自己的想法，脱离了作者的管控。

可喜的是，故事中的角色被作者写活了。故事中的人物只有真正拥有了生命力，形成了自己的性格，才会出现反常的行为。否则一切都应该按部就班地朝前走，男女主角就像被作者赋予了既定的命运或包办了婚姻一样，一切都不可动摇。

那么，既然问题出在角色身上，我们就需要重新打开主角的人物设定，重新看一下关于她性格描述的部分，然后看一下她的选择是否符合她的性格。如果不符合，那么她是什么时候开始脱离作者的掌控，有了自己的想法的？找到那个关键的变化点，看看作者是否和主角在那个关键点都迷失了自我，性格悄然发生了变化？

如果这一切看起来顺理成章，角色看似反常的选择实际上符合她的性格设定，同时又没有违反故事中她的主要目标，那就顺着她的意愿写下去吧，说不定这个结果比原先设定好的大纲更精彩。

如果她的选择既不符合自己的性格，也不利于自我目标的实现，那作者就需要在自身层面找找问题，看是不是有那么一瞬间，作者只是把自己的欲望强加在了主角的身上，试图实现自我满足呢？

如果用上面的例子来解读，那么其实不是女主爱上了那个总裁，而是作者喜欢上了自己刻画出的角色，无意中使女主朝他靠拢了过去。

问题四：场景失真

场景失真指的是故事中出现的场景不能令人信服，失去了作为背景展示、氛围烘托的主要作用，让读者产生了不信服和无法沉浸的负面体验。

对读者而言，这种感觉极其糟糕，类似于影视作品中的穿帮和游戏中的穿模和加载延迟。

想象一下，当你在观看古装剧的时候，男女主角身处于肝髓流野的古战场上，正在生死诀别，但他们的身后突然有一辆红色法拉利缓缓开过，或者女主角的手腕处突然露出了百达翡丽的手表，这是多么令人沮丧的事情。

在游戏中同样如此。当你到达一个阴森恐怖的场景，发现游戏背景还没有完全被加载出来，呈现一片模糊的马赛克时，游戏体验瞬间就打了折扣。

在故事创作中，尤其是虚构故事，场景失真的破坏性仅次于人物失真。

为什么很多人在看《鬼吹灯》的时候，会有一种身临其境、毛骨悚然的感觉呢？作者天下霸唱在进行场景建模的时候显示出了超强的笔力和功力，尽管是一个虚构的故事和场景，但他能够通过成熟的写作技巧，让整个场景趋于真实化，更具感染力。

之前很多人认为，写作和个人阅历息息相关，如果作者没有类似的经历和亲身的体会，就很难创作出逼真的现实和虚构场景的。就像网络上出现的一些关于网络小说的段子，说的是一个初中生作者写的网文，男主角是一个财富帝国的富二代，却请女友在麦当劳吃饭。初中生只有十几岁，也许在他的生活环境和场景中，麦当劳就是最高级的餐厅。这个段子显然是想说明阅历和写作之间是强相关的。

我个人并不认同这一说法，因为故事创作本身就是天马行空的，出现的场景从阿富汗战场到星际空间站，从阿尔卑斯山脉到海底世界，可以是五花八门的。甚至有些场景根本就是幻想出来的，现实中是没有参照物的。所以，一个人阅历再怎么丰富，也不可能把所有的场景都真实地经历过一次。

何况，互联网时代的信息来源如此便捷而廉价，当作者需要创建一个自己从未涉足的领域或场景的时候，完全可以通过查找文字、图片、视频等资料先进行初步调查，然后结合自己的理解进行创作，只要掌握了创建场景的写作技巧，应该都不会出现太大的失真问题，除非作者连网络搜索都懒得用。

言归正传，场景失真一般出现在以下两种情况下：一是陌生场景，二是虚构场景。作者没有亲身体验过的一切场景都叫陌生场景，因为受到年龄、国界、文化等因素的影响，我们对于陌生场景的感受程度会出现相当大的反差感，例如，中国的南方人和北方人对于蟑螂的大小就存在不同的认知。对于一个刚到南方的北方人，第一次见到蟑螂被吓到“花容失色”的男人比比皆是。

同样，对于宅家写作的作家而言，尼罗河的日出、亚马孙的密林、虎式坦克的内部、迪拜的风帆酒店都可能是较为陌生的场景。值得庆幸的是，时至今日人类的足迹已经遍布了地球的每个角落，甚至于已经探索了其他星球，即便是人迹罕至的地方，也会留下相关的记载。只要花上一些工夫研究，加上自己的想象，是能够用文字重建较为真实的场景体验的。

虚构场景往往指的是现实中很难见到或是根本不存在的场景，比如神的府邸、四维空间、远古墓穴、修仙世界，等等。要将虚构场景在故事中变得真实可信，就需要在想象力的基础上接点地气。人的感官体验是以真实世界为锚点的，所以无论虚构的场景有多离奇，在创作中都需要加入人的五官感受，即看起来是什么样的，有什么样的声音、味道以及触感，使读者通过感官体验去脑补完成一个虚构的场景。例如：

> 周易醒来之后，发现周围一片黑暗，只有脚边的荧光棒发出微弱的光芒。这洞穴并不宽敞，只有一人多高，洞顶上倒挂着密密麻麻的蝙蝠，它们似乎感觉到了空气的扰动，互相拥挤着发出一阵骚动（视觉体验）。
>
> 他扶着滑腻的洞壁艰难地站了起来，踩着厚厚的蝙蝠粪便往前走去（触觉体验）。不知道是不是心理作用，周易感

觉洞穴中除了蝙蝠粪便的略带微酸的腥臭味以外，还漂浮着一股若有似无的闷香，那是古墓中常见的棺椁木料味儿（味觉体验）。

走了几十米，前面传来了微弱的水流声。“还好，有水流就有出口。”周易振奋精神，揉了揉酸痛的脖子，打算先走出洞穴之后再做打算（听觉体验）。

人类的悲欢离合虽然互不相通，但对于声音、光线、味觉、触感的体验却大抵相同，在虚构的场景中给予读者真实的身体反馈，是作者和读者达成共识，共同使得场景真实化的桥梁和通道。

第五部分

给作品找个好买家

22 如何做好签约投稿的准备工作

作为作者，最幸福的事情大概就是看到自己的作品成功签约或者出版，受到读者的喜欢并拿到自己应有的报酬，这是市场对作者的创作和劳动给予的公平回报。当作者辛辛苦苦创作出了自己的作品，还会面临一些问题：

我到底该去哪个小说网站发表签约？

我应该选择哪家出版社投稿？

我要如何找到网站或出版社编辑？

针对新手常见的终极三问，我将具体讲解一下作品的签约和出版事宜。我们先把常见的故事作品分成几个类别，根据作品的类别来一一讲解。

一般而言，需要把作品按照作品类型、作品题材、篇幅长短，分别进行划分，之后再按照对应的类别去寻找发表渠道。

按类型区分

首先，如果把现在的主流故事类小说进行划分，可以分为三大类：网文类、IP 向（以出版纸质书为目的类型）、新媒体故事文（一般发表在故事类公众账号及 App 上，短篇居多）。

网络小说类的作品通常是发表在网络小说阅读和创作平台的作品，它的特征就是节奏快、篇幅长（一般都在 100 万字以上，千万字数的作品也不在少数）、更新速度快、体验感强。在这个碎片化阅读的时代，网络小说更适合在手机等移动端上进行阅读。经过十多年的蓬勃发展，网络小说已经拥有了巨大的读者市场，更是催生了一大批创作网络小说的专职和兼职作者。

同样，网络小说的创作平台也非常多，并且有各自擅长的领域，比较知名的就是“起点”“晋江”“掌阅”“磨铁”“17K”“纵横中文”等老牌网站。另外，近几年出现了免费阅读的趋势，催生了一大批以“字节跳动”旗下的“番茄小说”为主的新晋平台，如“七猫”“快搜”等 App。

如果以网络小说为主要创作方向，作者在投稿甚至创作之前，需要在各大小说网站上进行“扫榜”，也就是把网站排行前 10 名的作品粗略看一遍，最后根据自己的喜好和类型，选择自己最喜欢的和风格最接近的网站就可以了。

小说网站的各类榜单前 10 名作品基本上就代表了这个网站主打的风格和读者的喜好。比如，飞卢小说主打爽文和无线文，磨铁比较偏向悬疑类作品，晋江偏古代言情，爱奇艺偏 IP 向作品，而豆瓣则偏文学性，等等，作者可以根据自身情况进行选择。

偏向出版实体书的作品篇幅不会太长，字数一般在10万～30万字。这类小说在创作上比网络小说更加严谨，故事性很强，人物塑造要求更高，作者需要依靠小说的出版版权、影视改编权以及有声书等版权费用进行变现。

一般来说，这类小说大都需要进行出版和版权的售卖，鉴于本书的写作基本上是围绕着这个类型的故事展开的，因此关于其中具体的细节，我们将在后面详细讲解。

新媒体故事文一般有6000～15 000字，以微信公众账号、故事类App、社交平台、资讯类平台为载体。它们主要用于碎片化阅读，一般读完一篇用时在10～20分钟以内。因其快捷方便、易于创作的特性而被称为新媒体文。

按题材区分

如今的小说分类庞杂，几乎涵盖了各种题材的故事创作，甚至在某一分类中还衍生出了更加细分的领域，如仙侠、玄幻、都市、悬疑、科幻、古言（古代言情）、现言（即现代言情）、宫斗、二次元、轻小说，等等。

总之，弱水三千，只取一瓢饮。尽管故事题材的分类很多，但作者只需要选择自己的主攻方向和心中所爱即可，长期在一个领域里耕耘创作，也有利于提高故事创作能力，积累读者和粉丝，打造个人影响力。

一个写悬疑小说的作者前期吸引的读者一定也是悬疑小说爱好者。如果作者第二本书换成了言情，前面的读者自然就会流失，一切就要从头再来了。当然，有些新手作者可能一时找不到自己擅长或者喜爱的领域，可以多做几次不同题材的尝试。

确定好自己专注创作的领域之后，同样需要用自己的作品题材去匹配相应的发表和出版渠道。例如，如果小 A 创作的是悬疑类网络小说，字数在 50 万～100 万之间，那么可以选择在“磨铁”“起点”“番茄小说”等创作平台上发表。如果小 B 创作的是科幻类的 IP 向小说，字数在 8 万～20 万之间，可以选择《科幻世界》杂志社、南海出版社或新星出版社。

按篇幅区分

短篇小说

低于 2 万字的小说属于短篇，比较适合的发表渠道有：同类型的杂志、公众号、故事写作类 App。

比如，6000～15 000 字的短篇科幻小说篇幅有限，比较适合碎片时间阅读，那就可以投稿到《科幻世界》这类杂志社，或者同类型公众号，如惊人院，还有专门的故事写作 App，如简书、每天读点故事等。

中篇小说

2 万～8 万字左右的小说比较适合放在故事 App 上连载发表，用来积累粉丝。

另外，中篇故事很适合参加国内的故事大赛，很多网站每年都会有很多中篇故事赛事，比如豆瓣阅读和知乎就经常举办中长篇故事拉力赛。如果舍不得免费放出来，那就用来参赛吧。如果获得了名次或签约资格，那么就算正式出道了。

长篇小说

8 万～30 万字以上的小说可以考虑两个渠道：网络签约和实体出版。

超长篇

100 万～500 万字就是典型的网络小说平台要收的故事类型。

网络小说主要靠读者购买章节或广告流量费用变现，因此对篇幅的长度有较高的要求，太短的话，网站和作者都无法轻易变现。

前面提到过，除去题材，网络小说分为两个大类：IP 向和流量向。

IP 向指的是有影视、漫画、出版改编潜力的作品，如《盗墓笔记》《琅琊榜》《甄嬛传》等。

流量向指的是篇幅较长，靠流量获取收益的作品，如《斗破苍穹》《全球高武》《天道图书馆》等。这样的故事一般情节简单，依靠不断制造爽点留住用户。在网络小说中，这类作品占有较大的比重。

如何选择适合自己的网络平台

目前，国内的网络小说发布平台多如牛毛，经过多年的野蛮发展和资本洗牌，目前形成了“阅文集团一家独大，其余网站瓜分天下”的格局，这些网站几乎涵盖了各个故事类型和题材。

在我们选择平台发表作品之前，我们要对这个平台有一个基本的了解和认识，最重要的一点就是，这个小说平台的风格和你的风格是否契合。例如，女性宫斗小说最适合的地方就是晋江和红袖添香这类以女频为主的平台。如果是小白爽文，那就去创世中文网、17K、飞卢这些以无线文为主的平台。

另外，起点中文网是网文领域的巨头，也是很多网络作者的圣地。起点的网文大神云集，竞争十分激烈，且读者都是网文的老读者，对小说较为挑剔，自然也成了网络作家“成神得道”之地。一般情况下，不太建议新手入驻，除非对自己作品的质量和更新速度有信心，可以去试一试。

新手出道，建议不要选择大平台，先踏踏实实找个稳定的小站点，稳稳地找个编辑，在他的指导下安全地开始写作。新手要学习从作品签约到推荐，到上架，再到完结的整个过程。这样可以让你在积累粉丝和经验的同时，收获对作品的把控能力。

如何找到网站编辑

大部分平台在自己的网站上就明确地给出了各个板块编辑的联系方式和投稿邮箱。

如果想要入驻的平台没有放出编辑的联系方式，可以加入一些网络写手的微信群、QQ 群，在群里请教其他人。此外，利用百度搜索和知乎也能获得很多网站信息和编辑资料。

在获取编辑的邮箱和联系方式之后，可以把自己整理好的大纲和三万字正文发过去了。

另外，可以在邮件里对自己做一个简短的介绍，比如“编辑您好，我是……这是我最近的玄幻新作品……现附上大纲设定和正文三万字，请拨冗审阅”。

简短说一句即可，不用长篇大论，编辑一般都很忙，每天要看很多稿件，实在没有时间看太长的邮件。

短则三五天，长则一个礼拜之后，你就会收到回邮，符不符合签约条件，编辑都会给个回话。如果编辑有签约意向，就会主动联系你，针对作品进行下一步的沟通和交流。

如果作品被拒签，编辑一般不会跟你说什么原因，即便有也非常笼统，可能就是不符合我站风格这种客套话。

我们需要自己分析问题出在哪里，是我投错网站和分类了吗？

常见的错误有：科幻作品投到负责悬疑作品的编辑那里；玄幻作品投到负责武侠作品的编辑那里。更有甚者，铁血兵王的风格跑到女生网站去投稿，当然就会被拒签。

如果被拒签，先不要失落，不要灰心，接受拒签和退稿是一个作家的必经之路。调整心态，先自查一下问题，再做打算。

网络小说一般被拒签的问题有以下几种：

- 题材和设定不够新颖；
- 前三章不够吸引人；
- 开篇出场人物太多；

- 代入感不强；
- 金手指和等级系统没有设定好。

根据以上几点逐个分析修改，如果没有问题，换一个网站或者换一个编辑再投一次就可以了。网文审稿往往受限于编辑的主观印象，有时候确实不是作品的问题，而是对方个人喜好的原因。

此外，网络小说平台一般都有作者后台，如果嫌找编辑投稿太麻烦，也可以直接在后台上传作品，等编辑主动联系你。

实体小说的出版

相信有很多读者和作家对纸质版的小说都有一种特殊的情怀，他们对于能够拿在手上的实体书充满了崇敬和向往，而自己的作品能够被印成铅字发表甚至出版成册，是很多人心中的梦想。

互联网时代信息的载体已经悄然发生了改变，很多纸质书的拥趸也开始看电子书，遇到特别喜欢的，才会买纸质书收藏起来。实际上，如今实体小说和网络小说的界定变得非常模糊。

很多网络小说红了之后，有了大量的忠实读者，虽然篇幅很长，一套书七八册甚至十几册，但也有出版社愿意出版实体书，进行再次变现。有些实体小说出版后，出版社为了增加收入，也会制作成电子书放在网络平台上进行销售。

对于纸质书有独特情结，希望自己的书能够走实体出版的作者，可以参考以下做法。

免费发表，吸引编辑

在对口的网络平台，如“天涯”“网易”“知乎”“简书”等平台上放出一些免费章节，吸引编辑的注意。很多作者都是从论坛起家的，包括南派三叔、南无袈裟理工佛、道门老九等作者，有些起家于百度贴吧，有些起家于天涯的莲蓬鬼话论坛。他们都是在这些地方连载故事的时候，被编辑发现的。

作者在寻找出版机会的同时，出版社编辑也在寻找潜力作者，他们会在各大网站进行查找，寻找那些和自己出版社调性一致，对作品拥有独立版权，而且还有一定流量的作者并主动进行联系。

主动出击，精准查找

还有一个办法也非常管用，那就是到书店去找同类作品，看这些作品都是哪些出版社出版的。书上一般都有责任编辑的名字和邮箱，把作品发给他。

如果没有邮箱，也可以查到这个编辑部的电话。你可以直接打过去，就说我找某某编辑，然后直接告诉他，自己有一个作品希望投稿，请他给你提供联系方式或者邮箱。

除此以外，还可以通过社交软件，比如微博来找到编辑。你可以到当当这样的图书网站或者 App 上去查找分类榜单。如果你是创作悬疑小说的作者，就可以直接打开悬疑分类，然后把排名前 20 的作品打开。首页会有出版社或者出版机构的名字，其次还会有责任编辑和营销编辑的名字，责任编辑就是这本书的主要策划人，而营销编辑则是负责市场宣传营销的。如果页面上有他们的邮箱，你就可以通过邮箱给他们投稿。如果只有姓名没有联系方式，那么你可以在微博上搜索编辑的姓名和出版社名称，然后私信他们，说明出版想法和作品的大概情况。

需要补充一点的是，在没有太多出版渠道、信息比较匮乏的时候，也可以投稿给营销编辑。因为营销编辑主抓市场，阅读量可能没有责任编辑那么大，有些作品对他而言是很新颖的，他会把收到的稿件或认识的作者主动介绍给责任编辑。他还会在开会的时候汇报，并且时不时问一下责任编辑的审稿进度。同事之间的介绍会比陌生投稿成功概率更高一些。

登门拜访，三顾茅庐

如果你距离出版社不远，可以自己登门拜访。假如你在成都，直接去《科幻世界》的编辑部就非常方便。拿着自己作品的样稿，无论是复印件还是U盘，直接上门拜访，找到编辑，这样的方式更直接有效，但更适合大城市的作者们。

找谁出版

除了出版社，还有一些民营出版商和专门做版权代理的经纪公司、工作室。作者也可以经由他们牵线搭桥，完成版权售卖和出版环节。

编辑和作者目前处在一个信息不对称的情况下，也就是出版社的编辑苦于找不到好作者、好作品，而作者又苦于找不到合适的编辑。在这样的情况下，版权经纪公司应运而生。他们就像中间运营商，也像职场里的猎头或者娱乐圈的星探。出版商也有自己的编辑，他们会寻找那些有潜力的作者。为了利益最大化，版权经纪公司通常会把作品的双版权一同卖出，也就是出版权和影视改编权。

对于出版实体书籍的小说，作者需要发给出版社编辑一份故事大纲和人物设定以及3万～5万字的正文（不同出版社的要求不同）。

和网络小说不同的是，出版社的编辑对投稿的大纲格式非常在意，如果每个稿件的大小、字号、排版、颜色都不一样，可想而知这位编辑有多崩溃。

编辑行业已经找到了阅读体验最最舒服的字号和排版，如果你一开始投稿就能按照标准格式来投，首先就会获得编辑的印象分，对方会觉得你至少不是一个门外汉。

文档的格式设置如下：

- 书名用 1 号或 3 号标题；
- 章节名用 4 号标题；
- 正文用 5 号字；
- 正文字体用宋体；
- 行距是 1.5 倍，字距默认；
- 引用、信件、特殊标记用华文楷体做出区别。

另外，首行缩进两个字符也是一定要注意的。如果你的稿件没有首行缩进，可以用 WPS 自带的智能排版功能。

按照这样的排版模式调整以后，整个版面看起来非常简洁、明了，便于审稿编辑阅读。

最后，再叮嘱大家一句：长篇小说，无论是网络小说还是实体小说，最好不要写完再投。

有大纲和三万字的正文就可以投稿了。这样也是为了避免在错误的方向上越跑越远。如果写完之后才发现作品没有变现和出版价值，浪费了时间和精力不说，还会受到精神上的打击，这对于持续创作而言是很不利的。

如果你比较擅长写短篇小说，那么建议投自媒体公众平台。不要小看现在的公众平台，有些运作得好的公众平台，不仅有大量的活跃粉丝，更有些已经拿到了天使投资，在运营能力上丝毫不弱于网站。如果找到好的适合自己作品类型的公众号，那么就放心投稿吧。

另外，作者也不能两耳不闻窗外事，一心只写自己的书。适当学习网络运作方式，开通运营自己的社交账号，积累粉丝，打造个人品牌也同样重要。

23 流量为王，让编辑主动找到你

新手作者出版第一本小说尤其困难，主要有三大阻碍：没有渠道、没有经验、没有流量。

在之前的章节里，我们分别针对前两个问题做了较为深入的探讨，但归根结底，阻碍新人出版最大的问题就是流量。

在这个流量为王的时代，不管是娱乐圈、资本界还是文化圈，都非常看重流量的附加价值，甚至流量在某些时候和现金价值之间是可以画上等号的。

例如，一篇微信文章发出去之后，或戳中了人性软肋或贩卖了时代焦虑或跟上了社会热点，无论什么原因导致这篇文章成了的爆款文章，我们都会认为它是有一定价值的。

拥有一定知名度的人想要出书相对比较容易。因为他成功地打造了个人品牌，具有较高的流量，所以出版商就更愿意为他们出书。

同样，作者如果能够自带流量，那么出版作品就会变得简单得多。

我个人最早意识到流量的重要性是在 2013 年。那时我在本地一家新青年杂志社做主编，纸媒体开始逐渐没落。眼看着微博和微信迅速崛起，杂志社的业务受到了前所未有的冲击，加之工作较为轻松，我便开始在当时非常热门的网络流量集中地——天涯论坛“莲蓬鬼话”连载悬疑盗墓题材的小说。第一个礼拜就连续上了七天的置顶位置，收获了 10 万的点击量。从那个时候开始，我的账号后台就不断地收到网站、出版社编辑的私信，有些是邀请我到他们的网站写作，有些是询问小说的版权归属，这让我觉得自己应该是可以走写作这条路的。

后来我转到新媒体行业，开始接触了智能分发平台，发现这是一个对新手作者更加友好的平台。基于读者兴趣，针对不同的用户分发不同的内容，这对作者来说是一个极大的利好消息。于是，我又建立了自己的头条账号，开始在今日头条上进行内容输出，收获了一些粉丝。

由于我持续不断地进行高质量输出，平台为我开通了各种高级功能。随着付费阅读的时代来临，我输出的内容开始变现，成为我除了工作以外的一大收入来源。在疫情期间，来自付费专栏的收入曾经一度超过了我的主业收入。

与此同时，还有更多的编辑开始和我联系，洽谈版权合作和约稿的事项，光是 2020 年我就接到了四份出版合同。当然这其中不完全是小说约稿，也有关于心理学和写作类的工具书。

我讲述自己的这些经历是想表达一个观点：新时代的创作者不能像以前的作者一样，只想找一个安静的地方潜心创作。互联网时代对我们提出了更高的要求，我们不仅要学会如何编织一个好故事，更要学会如何打造个人 IP，拥有自己的流量，形成自己的流量池。

据我所知，这是新手作者出头最快的方式。给网站编辑投过稿的作者应该都清楚，在对方发来的投稿表格中，有一项叫作“历史成绩”，也就是说，网站编辑也非常在乎你以往的成绩。一个没有任何工作经验的应届毕业生和一个在上市公司做过三年、曾经参与开发过知名软件或者游戏的行业老手，求职得到的面试结果和待遇是完全不可同日而语的。

因此，对于真心想把写小说当成职业的作者，我认为需要具备三种能力：良好、熟练的创作技巧；持之以恒的创作激情；运营个人品牌的能力。

运营个人品牌

自媒体时代最大的特征就是去中心化，去权威化，每个人都可以通过网络发出自己的声音，每个人都是一个中心节点，无数个人共同编织成一个巨大的人际网络。就像人的脑部神经网络一样，每个连接处都有一个突触，而我们就是这个突触。

不同之处在于，经过不断运营，我们就会像大脑的突触一样变得更加结实而庞大，从而可以连接起更大的网络，拥有更多的信息量。

在网络世界里运营个人品牌需要经过以下三个步骤。

选择赛道

赛道就是我们切入的领域，如娱乐、情感、社会、教育、房产、财经等，这些都是我们在打造个人品牌之前就需要想明白的一条路，所以也被称为赛道。选择进入这个赛道意味着我们开始和这个领域里的其他人竞争了，就像赛跑一样。

本书的读者大概率应该不必纠结，因为大多数人选择的赛道一定是写作或与写作相关的赛道。细心的读者可能会在注册某些社交软件或资讯软件的时候，面临一些选项，它会让你选择自己感兴趣的领域，如电影、文学、动漫、二次元、美食、体育、亲子……这些就是在我们注册之初，软件对我们做出的定位。如果你选择了电影和文学，那么平台会优先地、更多地为你推送电影和文学类资讯，这也就是所谓的千人千面、智能分发。不同的人在使用同一款软件，但大家收到的资讯却各不相同，仿佛是根据使用者的兴趣量身定制的。

在社交资讯平台，大部分用户都扮演着读者或用户的角色，只有少部分人在承担着创作者的身份。有人写就要有人读，这个软件的供需只有达到平衡，才能培养出良好的生态和活跃的用户使用环境。

如果我们想要打造个人品牌，那就拿起手机看看自己最常用的社交资讯软件是哪些，这些通常就是我们开始打造个人品牌的起始平台，如微信、微博、抖音、今日头条、知乎、豆瓣、网易阅读、简书、小红书等。从中选择自己最喜欢的、操作最熟练的软件，把它当作自己的跳板。从今天开始，你在这个平台上不再只是一个观望者、旁观者，你需要成为一个创作者、一个发声者，甚至一个领域中的意见领袖。

打造人设

人设是一个作者再熟悉不过的事情了。它就像我们在小说创作之前设置的角色卡片，上面明确标注了角色的名字、年龄、职业、性格、长相等相关资料。

既然是要打造个人品牌，将自己当成一个 IP 来看，那么我们暴露在网络上的形象同样也需要这样一个设定。在之后的运营过程中，我们需要严格按照自己给自己设定的人物特点来表演。

人设就是能让大家对你印象深刻的记忆点。有些是自己一开始设定的，有些则是在不断出现在公众视野中的时候，被别人赋予的。

为了让别人过目不忘，网红们都会给自己设定一个独特的人设，有些是“深情专一”，有些是“幽默搞笑”，有些是“方言达人”，有些是“美妆大神”，等等。不过，千万不要弄一些三观不正的奇葩设定。

属于创作者的设定其实较为局限，基本都属于比较“正面”的，比如“博学广识”“专业能力”“言辞犀利”。我曾见过知乎上一个写作领域的答主给自己的设定是“知乎喷神”，他专门毫不留情地点评别人的小说，然后输出自己的观点，同样令人印象深刻。

当然，创作者不是天生的演员，做人设不要跟自己的真实性格相差太大，以免增加创作难度。

我个人在今日头条上长期做内容输出，一开始并没有给自己做什么设定，但后来读者对我的评价就是：只输出有用的干货。

持续创作

到了第三步，我们要在自己选择的平台上持续进行观点和内容输出，就像我们发朋友圈和微博一样。不同的是，朋友圈和微博是围绕我们个人进行的，而我们做自我品牌输出是针对读者和粉丝的。

作为一个新手作者，我们分享一些什么内容才能获得别人的关注呢？不妨从以下几点入手。

✦ 短文案

短文案指的是与我们的小说创作相关的信息和观点。这一点需要我们对实时动态较敏感，并且能够说出自己的观点和看法。比如，前年某小说网站被爆出霸王合同，引起很多读者不满，作为小说作者领域里的相关事件，我们就可以蹭一下热点，站在作者的角度，对这件事进行评论。

每当出现热点事件的时候，各大流量平台，比如微博、头条、抖音、知乎都会趁机私下博弈，在后台默默检索相关关键词。这个时候如果我们发表了对于热点事件的评论，就会得到更多的流量加持和推荐，获得比平时更多的曝光。当然，蹭热点是要有度的，要遵纪守法，积极向上，不违背社会公序良俗，绝不能故意夸大其词，甚至挑战道德底线。

✦ 短篇小说

在碎片化阅读的时代，如果想在社交资讯平台上吸引眼球，短篇小说则是一个比较好的选择。一来作者可以将其当作灵感记录或平时练笔，二来可以吸引读者阅读，积累初始粉丝，获得一定的知名度。

需要注意的是，在网络平台的个人账号上发表6000字以内的短篇小说的时候，尽量选择那些有编辑功能的网页发布。不要一股脑儿甩到微博或者个人朋友圈，因为以短文案为主的平台没有排版功能，很容易造成字体拥挤，阅读体验感不好等弊病，即便发表了，也达不到想要效果。

可以选择个人微信公众账号、今日头条账号、知乎账号、简书等后台有排版功能的平台发表。

短篇小说发表后，可以分享给粉丝、朋友、同事、家人，让他们帮忙转发点赞，形成新一轮的推荐，获得更大的阅读流量。

✦ 读书心得

作为作者，大量阅读是必不可少的。我们可以把自己最近阅读的书目进行整理，写一些图书读后感、书评之类的文案，字数为800～1200左右。

写书评或读后感能够让我们的读书变得更有效。阅读完一本书之后立即对其进行盘点和点评能让我们印象更加深刻，此外还能提高个人的逻辑思维和表达能力，在此基础上还能收获一波流量和粉丝，实在是一举三得的事情。

目前，写书评很容易受到出版社编辑的注意。比如，当你的书评写到一定程度的时候，会有出版社给你寄来他们的新书，让你写书评，除了赠送新书以外还有红包拿。对于新手作者来说，这是一个锻炼自我能力、积累名望的好渠道。

✦ 写作历程

我最近才发现了一种获得流量的简易方式，那就是把自己每天写小说遇到的心得体会简单描述出来，就像发朋友圈一样。原本以为这样枯燥的东西没人会看，但通过对其他新手账号的观察，我发现即便只是记录了类似于“今天写了3900字，卡文了，不知道怎么写下去了，怎么办”这样的牢骚，也能获得不错的流量和评论。

如果稍微有些噱头，发一些像“今天看了一下后台数据，已经有 1000 的收藏量了，距离月入过万又进了一步啦”这样带有数字和金钱描述内容，阅读量会更高。

在社交媒体上不断记录自己每天的写作历程，既简单又能起到激励自己的作用，还能缓解独自创作带来的孤独感，也算是作者的一种自我宣泄。

不过，这样的创作持续一段时间之后，需要有明显的变化，太过浅白的话，后期也许会掉粉。你必须不停地创新或者进步，让粉丝们看到你写作能力的过程。

总之，以上几种只是比较常规的、适合新手吸粉和聚集流量的方式，我们也可以开动脑筋发现更多的方法。

最后，需要注意的是，做个人品牌运营需要遵循以下两大原则。

✦ 帮别人节约时间

帮别人节约时间，指的是写书评、影评类的文章。我用 800～1000 字就能把一本书的大概的内容讲出来，读者在碎片化的阅读时间里，就可以了解一本书大致的来龙去脉。

我们在网上经常看到的那些像《英语四六级重点内容盘点》《看完这 10 条，考驾照不用愁》《盘点这 10 款最适合男生使用的洗面奶》的盘点、总结类的文章，它们能够在海量的信息当中帮读者节约时间，都是有一定价值的。

✦ 帮别人消磨时间

一个短篇小故事能让粉丝在上下班的路上打发枯燥的坐车时间，这就是它的价值所在。把握住这两大原则，运营一个对别人有用的个人账号，然后持续更新创作，接下来就是收获粉丝和流量的时候了。

等你的粉丝和流量到达一定程度的时候，你会发现作品发表、出版变现这些事情似乎是水到渠成的事情了。

运营个人作品

如果说运营个人品牌更偏向运营，那么运营作品则更偏向创作。

运营个人品牌是为了作者个人获得更多的流量和曝光，从而成为个人领域里的意见领袖，拥有自己的粉丝和流量。作品的运营相对而言更单纯一些，也更接近创作本身。

相信注重创作的传统型作者会比较倾向于躲在文字的背后默默耕耘，不愿意也不擅长在公众视野中“抛头露面”。这就需要作品代替作者出现在公众视野中，去征服更多的读者。

我记得有人说过，在互联网时代没有怀才不遇的人。也就是说在信息高度发达的时代，只要是有才华的人就一定会崭露头角，只要是好的作品就一定会被人发现。尽管我个人觉得这句话说得过于偏执，但不得不承认，确实是有一定道理的。

作者可以任选一家网络平台发表自己的作品，只要有读者喜欢，阅读量、评论量、点赞量、打赏量、读完率、转发率这些数据都能自动汇聚到编辑的后台。编辑能够清楚看到这部作品的质量如何以及有无潜力，这会影响编辑对这部作品的签约、上架等决策。

一旦编辑发现了一部潜力作品，就会和作者进行签约，并进行一些简单的指导，然后会进行首推（试水推）。这样会把作品推送给更多的读者，引导他们对这部作品进行阅读，编辑再根据后台数据来判断是否给予它更大的流量和更好的网站位置。

如果这部作品不负众望，数据持续走高，编辑就会亲自指导作者，把它当成一个种子选手来对待，并安排第二波甚至第三波流量推广。

爆款网文基本上就是这样被打造出来的，尽管这里面有很多偶然因素，但至少说明两个问题：（1）网络读者的评价很重要；（2）流量加持很重要。

周围很多作者在和我交流出版问题的时候，总是感慨出版很难，但当我问到为什么不尝试先在网络上发表，先在圈子里混出点知名度和经验值的时候，对方总是回答："这本书是我精心创作的，目的就是要出版，实在舍不得放在网络上让人免费阅读。"

很多作者的心态并没有转变，如果真的对自己的作品有信心，那第一篇为什么不先放在网络上呢？即便前期是免费的，只要读者基数够大，后期也是可以设置收费章节的。换言之，如果这本小说没有出版，而是先在网络上大火了，之后还是会有出版社愿意印成纸质书的。

对作品的运营就像经纪人带明星一样，如果旗下的艺人还没有成名，最好不要把他捧得太高。让艺人先去做做公益活动，参加一些慈善晚会或从配角开始演起都是不错的发展路线。

大多数作者对自己的第一个作品都给予了厚望，因为花费了太多的心血和汗水，总希望它能一炮而红。但实际上受限于作者写作技巧不够好或对市场脉搏把握不准确，这类作品反而大都不会有太好的结局。

因此，新人要敢于把作品放在网络上和读者见面，要勇于接受读者的意见和批评，读者的鞭策有助于成就更好的、更成熟的作品。这也是积攒名气和流量的大好时机。

把握创作方向

在写付费专栏的过程中，我曾经收到过很多读者的私信提问，除了有一些新手作者询问比较关心的写作技巧问题，还有很多作者已经写完，想知道如何变现。

在解答这些问题的过程中，我发现很多作者把大量精力放在了创作上，而对国内各大网站和出版机构知之甚少。创作者除了埋头写作以外，更要抬头了解市场环境。

例如，在2019年我受到一家出版机构的邀请，让我写一本关于盗墓冒险类的小说，当时我个人不太愿意写盗墓冒险类的小说，因为：（1）盗墓类作品有《鬼吹灯》《盗墓笔记》等珠玉在前，很难有更大的创新；（2）盗墓类作品跟风创作严重，已经到了市场饱和的瓶颈期，市场需求不大。但那家出版机构的编辑是我认识多年的好友，出于对她的信任，我还是花了半年时间去规划一个盗墓题材的故事，并且在其中加入了一系列微创新，准备形成一套三部曲的长篇作品。

第一部写完后，编辑看了感觉不错，积极帮我联系渠道资源，争取拿下小说和影视双版权。正当我满怀信心地准备写第二部的时候，从编辑那里传来了一个坏消息：由于政策原因，盗墓类作品审查严格，出版机构决定暂缓出版我的作品。这次失败的主要原因就是我没有把握好市场风向，导致作品没有顺利卖出版权。其实，作品出版会受到各种原因的影响，有些是作品本身的原因，有些是出版社的原因，还有一些是政策的原因。作者要对作品题材、平台资源、政策风向有足够的了解，才能避免在某个环节中出现纰漏，导致作品在出版过程中夭折。

我们需要简单了解承载作品的平台，知道哪些才是作品的好归属。就像一个求职者总要对自己投简历的公司做些功课，较为全面地了解这家公司的业务方向和范围、招工的品类和要求，才能做到有的放矢。

对于很多创作者而言，查找资料以及归纳总结都是一件耗时费力的事情。为了帮助本书读者节约时间，我曾把国内的小说网站、知名出版社和出版机构进行了分类盘点，供大家在投稿、发表和出版作品时进行参考。如果读者有这方面的需求，可以到头条私信联系我。